ちくま新書

# 感情とは何か
## ——プラトンからアーレントまで

清水真木
Shimizu Maki



1076

# 感情とは何か――プラトンからアーレントまで【目次】

は理性の別名である／「理性の時代」の感情論――デカルト、スピノザ、マルブランシュの場合／哲学史のなかの感情――ストア主義がもたらしたもの／一六世紀フランスにおけるヘレニズム哲学の復権／感情をめぐるストア主義の立場を否定／感情を喚起する藝術作品／藝術の本質とは？――アリストテレス『詩学』の感情論／真理は感情として意識に姿を現す／「プロットの藝術」としての悲劇――アリストテレスと藝術理論／すべての藝術作品がプロットを具えているわけではない／不合理だけど感動する！――映画「ユー・ガット・メール」について／真理は感情として与えられる／哲学史における感情論の三つの段階／哲学は「驚き」から始まる――プラトンの感情論／二種類の驚き――「びっくり」と「驚嘆」／驚きとともに世界は真の姿を現す／神が「驚き」をもたらす――プロティノスの感情論／驚きは探究を促す――アリストテレスの感情論／不可知の自覚としての「驚き」――中世の感情論／近世の感情論――驚きを特別視しなくなる／デカルト――懐疑か驚きか／「感情そのもの」とは何か？――アウグスティヌスの「愛」／デカルトによる情念の分類／感情を発生的に腑分けしたデカルト／「驚き」に第一の位置を授けたデカルト／「驚き」はすべての感情の根源にある――デカルトの「驚き一元論」／デカルトからマルブランシュへ――神のうちに

# はじめに

## †「やばい」という若者言葉

世界のすべての言語は、「若者言葉」と呼ぶことのできる一群の表現を持っています。若者言葉はいずれも、若者のあいだのカジュアルなコミュニケーションにおいてのみ用いられる隠語の一種であり、フォーマルな文章にこれが姿を現すことはありません。また、若者言葉には、流行語としての側面もあります。「若者」ではない人々なら、自分が若いころに使っていた言葉、あるいは、同年代の人々が使っていた言葉を思い出すことにより、若者言葉に交替のあることはすぐにわかるはずです。

最初は若者言葉であったものが使用される範囲を広げ、普通の会話で用いられる表現として流通するようになる例があります。たとえば「かっこいい」「かっこ悪い」は、戦後のある時期に若者言葉として姿を現したものの一つです。明治生れ、大正生れの人の中には、「かっこいい」「かっこ悪い」に抵抗を感じる人がいるかも知れません。私が小学生のころから少しずつ耳にするようになった「いまいち」「ダサい」もまた、若者言葉から普通の会話表現に格上げされたようです。

ところで、新しく姿を現した若者言葉に、「やばい」という形容詞があります。この形容詞は、もともとは、何か都合の悪いもの、危険なものを指し示すために使われていました。しかし、若者言葉として使われる場合、これは、本来の否定的な意味を失い、「注意を向けるに値する」もの一般を表します。「やばい」は、若者言葉としてはすでにながく使われているものですから、やがて、「〈俗〉」「〈口〉」などの記号とともに国語辞典に登載され、普通の形容詞として流通するようになるかも知れません。

「やばい」に似た言葉は、他の言語にも見出すことができます。たとえばドイツ語では、toll（トル）という形容詞がこれに当たります。英語の形容詞nice（ナイス）と同じように、もともと「気が狂った」という意味を持つこの形容詞は、一九八〇年代に若者言葉となったとき、本来の否定的な意味合いを失い、単なる「すごい」ことを表すために使われるようになります。私は、大学に入学してドイツ語の勉強を始めてすぐ、ドイツ語の教科書で„Das ist ja toll!"（「そいつは本当にすごいね！」）という文に出会いました。ただ、私がそのころ使っていた古い辞書の toll の項目には、若者言葉としての用法がまだ記されておらず、この文の意味がわからなかったことを憶えています。

## †「やばい」の問題

私は、若者言葉としての「やばい」を使うべきではないと考えています。少なくとも、自分自身の言葉としてこれを使ったことはありません。というのも、「やばい」を使うことにより、感情の質がいちじるしく傷つけられ損なわれるように思われるからです。「やばい」は、大変に便利な言葉です。注意を向けるに値するような性質を具えた事柄はすべて、「やばい」と表現することが可能だからであり、「やばい」の使い方さえ身につければ何についても、適切な言葉の選択に頭を悩ませるつらい作業をすべて免れることができるからです。

とはいえ、一つひとつの事柄には、ユニックな性質があり、このような性質を受け止めるときに私たちの心に現れる気持の一つひとつにもまた、他に替えることのできない個性が認められねばなりません。日本語の豊かな語彙は、このような個性の差異を正確に表現する努力の中で、ながい年月をかけて形作られてきたものです。

「やばい」の一語を使えば、事柄の性質や自分の気持に適合する言い回しを工夫する面倒な作業を省略することが可能になります。しかし、たとえば、一〇〇種類の表現を「やばい」によって置き換えることが許されるようになるとき、生き残るのは「やばい」であり、一〇〇種類の表現の方は、死語になることを避けられません。一〇〇種類の表現の使い方を記憶し、使い方をたえず工夫することは、脳に大きな負担を強いるからです。「やばい」という万能の代用品をただ一つ憶えている方がよほどラクであることは間違いないでしょう。

ただ、「やばい」が使われるかぎり、私たちの言語使用の能力がその分だけ損なわれることは確かです。「やばい」に慣れた者にとり、この言葉の使用をあえてみずからに禁じ、これを場面に応じて適切に言い換える作業は、途方もなくつらい作業になります。これは、滅多に使われることなく痩せ衰えた筋肉を無理やり動かす労苦に似たものとなるに違いありません。

「やばい」の問題は、言語使用の能力の問題にとどまるものではありません。一〇〇種類の表現を捨て「やばい」の一語を使うことは、一〇〇種類の表現が区別していた一〇〇種類の事柄を味わい分ける力を捨てることと同じだからです。「やばい」を無差別に連発するうちに、事柄を把握する枠組は大雑把になり、感情は粗雑になります。デイトレードで予想外に大儲けするのも、隣家が火事になるのも、街頭ですれ違ったばかりの女性が美しいのも、グーテンベルクの『四十二行聖書』が一〇円で売りに出ているのも、硬い煎餅を噛んで歯が欠けるのも、すべて「やばい」点では同じことになってしまいます。考える力、感じる力とは、言葉を正確に使い分ける力に他ならないのです。

## †感動の正体――私のあり方を示すもの

映画を観たあと、観たばかりの映画について熱く語った経験は誰にでもあるはずです。このようなとき、私たちは、語らずにはいられないという感じ、いくら語っても語り尽くすことのできないもどかしい感じにつき動かされています。

このような感じは、決して不自然ではありません。藝術作品を享受するときに惹き起こされる複雑な感動の正体を見きわめるには、何よりもまず、説明に多くの言葉を必要とするからであり、さらに、もどかしい感じとともに説明を重ねるうちに、感動の正体が少しずつ明らかになり、感情が経験として獲得されるからです。感情というのは、決して単純なものではないのです。

感動の正体は、映画を観て感動した私たち一人ひとりのあり方を示し、自己了解の手がかりとなるものです。それとともに、感動は、表現を与えられ、他人と共有されることにより、普遍的な意義を獲得します。感情は、私のあり方と世界のあり方を同時に指し示すものであり、この意味において、共有されることにより初めて意味を持つもの、本質的に公的なものなのです。この点については、ハンナ・アーレント（一九〇六〜一九七五年）の『カントの政治哲学講義』（一九八二年）との関連において、のちに少しだけ述べる予定です。

しかしながら、たとえば映画の評価について「やばい」の一語しか知らない者は、「やばい映画」と「やばくない映画」の二種類しか知りません。「やばい映画」については、これが面白いか、あるいは退屈であるかには関係なく、「やばい映画だからやばい」以上の説明を彼女に期待することはできないでしょう。彼女には、「面白い」と「つまらない」の区別すらできないからです。

## †感情は世界の真理を示す

私たちは、言語を手がかりにして感情を獲得し、感情を理解し、感情を共有します。感情は、私たち一人ひとりが何者であるかを告げるものであるとともに、私たちが身を置く世界の真相を普遍的な仕方で明らかにするものでもあります。具体的な感情をその都度正しく受け止めることは、自律的な自足的な生存への通路なのです。みずからの心に姿を現す感情の一つひとつを丁寧に吟味し、これを言葉に置き換える努力は、誰にとっても必要であり、価値あるものであるに違いありません。

これに反し、「やばい」の一語を連発する者の目に、感情は、単純で明瞭なものとして、つまり、吟味も説明も必要ないものと映るはずです。いや、正確に言うなら、彼女の注意を惹くものはすべて、吟味することも説明することもできぬもの、単に「やばい」だけのものとなるでしょう。彼女の前に広がる世界は、ただ二色に塗り分けられたもの、濃淡もなくグラデーションもないもの、単純きわまるものとならざるをえません。彼女は、感情を慎重に吟味し、自己了解と根源的な真理へといたるかわりに、「虚偽意識」に支配され、自己喪失と自己欺瞞に陥り、刹那的な行動へと促されることになるでしょう。彼女は、

「感情に振り回されている」ように見えます。しかし、一般に「感情に振り回されている」と表現されるような行動は、本当は、意識と感情を故意に混濁させることで生れた「気分」を口実とする一種の現実逃避にすぎないと私は考えています。

感情とは、信念を左右し行動を支配するものとしてではなく、思考と懐疑への道として、そして、根源的な真理への道として把握され吟味されねばならない、これがこの書物の前提となる考え方です。次に、この点に関し、少し違う観点から立ち入ってお話しします。

# 序章　感情の問題とは何の問題か

私がこの書物で取り上げるのは、「感情とは何か」という問です。しかし、この問は、多くの人の目に馴染みのないものと映るはずです。たしかに、これは、普通の生活を送っているかぎり心に浮かぶことのない問であり、風変りな問であるに違いありません。そこで、本文に先立ち、①この問をあえて問う意味と、②この問に接近する観点について簡単に確認し、この書物の概要を大雑把な仕方であらかじめ明らかにしておきたいと思います。

## †感情は「私は何者か」を教えてくれる

まず、第一の点、つまり、この問が問われねばならない理由を説明します。

感情という現象には、一つの特殊な性質があり、この性質によって気分や知覚から区別されます。すなわち、感情を惹き起こす原因となるものが何であるとしても、感情が心に生れるためには、感情の原因となる事柄が「私」のあり方との関連においてその都度あらかじめ把握されていなければなりません。これは、感情を知覚や気分から区別する標識です。感情とは、「私とは何者なのか」を教えてくれるものであり、「私とは何者なのか」という問に対する答は、感情として与えられます。

気分や知覚は、ものの見方や価値評価とは関係なく成立するものであり、このかぎりにおいて、自然現象に分類されるべきものです。特定の気分や知覚を人工的に作り出すことができるのは、そのためです。これに反し、感情は、各人の個性を反映します。当然、人工的に作り出すことなど不可能です。

もちろん、感情に対応する身体の状態を人工的に作り出すことはできます。たとえば、悲しいとき、私たちは涙を流すことがあります。そして、涙腺を刺戟し、涙が流れるようにするのもまた、特に難しいことではありません。ただ、涙を流している者が誰でも悲しみに襲われているわけではありません。玉ねぎのみじん切りによって発生した硫化アリルが粘膜を刺戟しているにすぎないかも知れないからです。

シャーロット・ブロンテ（一八一六～一八五五年）の小説『ジェーン・エア』（一八四七

年）を読んで感動するかどうかは、一人ひとりの経験、知識、社会的な地位、年齢、性別などにより異なります。『ジェーン・エア』など書名すら知らない若者に何らかの薬物を注射することにより、この若者が急に知的に覚醒し、一九世紀半ばのイギリス文学の名作に感動を覚えるようになるなど、ありうべからざることでしょう。薬物によって感情を産み出すことは不可能であり、感情が気分や知覚とは決定的に異なる性格を具えていることがわかります。

ブリア゠サヴァラン（一七五五～一八二六年）は、『味覚の生理学』（一八二五年）（邦題は『美味礼讃』）の冒頭にいくつかのアフォリズムを掲げており、ここには、次のようなものが見出されます。

君が何を食べているのかを私に言ってみろ。私は、君が何者であるかを言ってやる（Dis-moi ce que tu manges, je te dirai ce que tu es.）。

食べものについてブリア゠サヴァランが語った言葉は、感情にそのまま適用することができます。感情の概念が明らかになるなら、右に引用したアフォリズムを手本として、次のように宣言することが可能になるでしょう。「君がどのような感情を体験したかを私に言ってみろ。私は、君が何者であるかを言ってやる。」このアフォリズムに含まれる「感情」が「知覚」や「気分」に置き換えられないのは、明らかであるように思われます。

## †感情は私と世界の関係を表す

どれほど私の近くにあるものでも、あるいは、他人の心をどれほど烈しく動かすものでも、私がこれを自分のあり方との関係において把握しないかぎり、私にとっては存在しないのと同じです。たとえば、知人の子どもが交通事故に遭い怪我を負ったという知らせを耳にすれば、私は、知人と彼女の子どもに同情します。ただ、残念ながら、この子どもの両親が子どもを気遣い、子どもの苦しみを共有するのと同じような仕方で子どもを憐れむ気持が私の心に生れるとはかぎりません。子どもの苦しみは、私の生存を脅かすわけではなく、自分自身のあり方についてただちに反省を促すこともないからです。戦争の悲惨を語り継ぐ作業が、それ自体としては、戦争を抑止するのに効果がないのも、これと同じ理由によります。「私とは何者なのか」という問が私の注意を戦争へと自然な形で導くのでなければ、「戦争反対」は、私にとっては、空虚な四字熟語にとどまるでしょう。

感情の経験とは、自己了解の経験、「私とは何者なのか」を知る経験として受け止められるべきものです。なぜなら、感情の本質は、私と世界の関係をめぐる真理（＝真相）の表現である点にあるからです。「感情とは何か」という問は、私と世界の関係を存在論的な仕方で問うものであると言うことができます。

自分が何者かを知ることを望むのなら、「本来の私」になることを望むのなら、さらに、世界と和解し調和することを望むのなら、自分の心に生れる感情の一つひとつが告げるものを丁寧に吟味することは、大切な課題となるはずです。これが、「感情とは何か」が哲学的に問われねばならない理由です。この書物は、このような作業のための最初の手がかりを哲学史から捜す試みとなります。

## †哲学史の中で「感情」を考える

次に、第二の点についてお話しします。

感情は、歴史に名をとどめる多くの哲学者により主題的に取り上げられてきた問題です。しかし、哲学者たちが遺した言葉を漫然と眺めていても、共通の枠組、共通の前提、共通の目標などが姿を現すことはありません。

むしろ、「感情とは何か」と問うことにより彼らが解決しようとしたものが何であったのか見当がつかず、したがって、彼らの言葉にアクチュアリティを与えるには、どのような観点から照明を当てればよいのかわからず、私たちは、途方に暮れます。実際、少なくとも今日までのところでは、「感情の哲学史」なるものが包括的な仕方で試みられたことはないようです。視点を一つに定めるのが容易ではないからでしょう。

そもそも、「感情」という言葉が指し示す範囲、つまり、具体的な心的現象のうち何を感情に分類するかという点についてすら、哲学者たちのあいだには明確な合意がありません。そのために、哲学者の言葉を辿っていると、ある哲学者が感情の典型と見做すものが、他の哲学者の著作では感情に含められず、単純に無視される場面に何回も出会います。しかも、哲学者たちは、たがいの見解のあいだに横たわるこのような差異に気づいているはずであるにもかかわらず、自分が他の哲学者たちと立場を異にする理由を一々説明してはくれません。

「感情」「情緒」「情念」「情感」「情動」「知覚」「感覚」「感性」「気分」「気持」「感じ」……、哲学者たちは一人ひとり、これらよく似た言葉のそれぞれに独自の意味を与え、さらに厄介なことに、これらを恣意的に使い分けながら、蚕が糸を吐き出すように、自分なりの自己完結的な（しかし、少なからぬ矛盾を含むように見えることもある）「感情」論を吐き出すばかりです。感情の何が大切なのか、自分の見解のどこにオリジナリティが認められるのか、感情の意味をめぐる哲学史の内部においてどのような位置を要求しているのか、哲学者たちは、このような点について親切に教えてはくれません。私たちは、彼らが共有する前提がわからぬまま、「感情」と呼ばれてきた平凡な事柄に何か関係あることが語られているらしいという心細い予感のみを頼りに、哲学者たちの言葉を辿ることを余儀なくされるでしょう。

## †この本の意義はどこにあるか？――本書の新しさについて

もちろん、感情の概念をめぐる歴史的研究というものが何もないわけではありません。私たちは、たとえば次のようなタイプの文献をすでに持っています。①文学史、思想史、社会史を含む精神史の観点から試みられたもの、②限定された哲学者や時代のテクストの哲学的解釈（「ストア派の感情論」「デカルトの感情論」「ヒュームの感情論」など）、③特定の種類の感情に関する哲学者たちの言葉を集め、これを整理したもの、そして、④これらを組み合わせたもの……。

しかし、「感情の哲学史」と名づけることができるような包括的な記述、すなわち、感情をめぐる哲学者たちの言葉を一つのパースペクティヴのもとに整理することを標榜する著作が公刊されたことはありません。哲学者たち、哲学史家たちが怠慢だからではなく、この作業が途方もなく面倒であり、何から手をつければよいのか、よくわからないからです。

たしかに、右に名を挙げたような哲学者たちのテクストは多面的であり、照明を当てる角度により異なる姿が浮かび上がり、見解の「幹」と「枝葉」が簡単に交替してしまいます。それぞれの哲学者の見解に複雑な細部があることは事実であり、これを簡単に無視することは許されません。しかし、そのせいで、照明を当てる角度をあれこれと工夫しているうちに、細部に溺れて全体が見えなくなってしまう危険があります。

とはいえ、手をつけようのない「単なる多様」の前で立ち止まり、困惑しているばかりでは、前に進むことはできません。そこで、これから、哲学史に一つの方向から強い照明をあえて当てることにより、「感情の哲学史」への一歩を大胆に踏み出したいと思います。

## †「感情とは何か」を問うことの意義

私は、「感情とは何か」という問に対する決定的な答を与える、などと偉そうなことを言うつもりはありません。そもそも、他の学問とは異なり、哲学の実質は、答えることにあるのではなく、問うことにあります。哲学に関するかぎり、決定的な答というのは、ありうべからざるものであるに違いありません。哲学に期待することが許されるのは、感情をめぐる思索を生産的なものにするための見通しを手に入れることに尽きるでしょう。

感情を哲学的な観点から問うとは何を問うことであるのか、「感情とは何か」を問うことにより本当に問われているものは何か、このような点が明らかになることにより初めて、哲学史に照明を当てる角度が定められ、哲学者たちのテクストに陰影が生れ、見解の「幹」と「枝葉」がおのずと区別されて行きます。古代に始まり、中世、近世を経て現代にいたる一筋の細い道が私たちの歴史的視野に姿を現します。

この書物は、哲学者たちの言葉に対し強い光を当てます。そのせいで、フィルム・ノワールの画面のように、わずかな部分が明るく浮かび上がる代わり、多くの細部が暗闇に沈んでしまうかも知れません。豊かな細部を犠牲にして枠組を明らかにすることは、避けられないでしょう。ただ、これは、恣意的な単純化ではありません。むしろ、豊かな細部を最終的に正しく評価することが可能になるために、明暗の区別は、さしあたりハッキリしたものでなければならないように思われます。

一般的に、哲学史の記述は、単純であり簡潔であるほど好ましいと私は考えています。哲学史を語る言葉は、どれほど明瞭なものであるとしても、歴史に名をとどめる天才たちの迫力ある言葉には遠く及ばないからです。哲学史とは、過度の単純化に陥らぬかぎりにおいて、ミニマリスティックであることが望ましいものであるに違いありません。

## †「快楽の経験」と「情動主義との対決」

感情の意味への問の性格が明らかになるとともに、哲学者たちの言葉が「快楽の経験」と「情動主義との対決」という二つの光学のもとで初めて本来の意義を手に入れることがわかります。感情の哲学史とは、情動主義との対決の歴史として、そして、感情の快楽の意味を明らかにする試みの歴史として記述されねばならないものなのです。

たとえば、デカルト（一五九六～一六五〇年）に代表される一七世紀の哲学者たちのテクストでは、感情の発生する生理的なメカニズムの説明、特に、「動物精気」（esprit animal）の概念を手がかりとする説明、あるいは、理性による感情の克服などのテーマに多くの文字数が費されています。しかし、多くの哲学者が熱心に語ってきたように見えるこれらの問題は、本当は、感情の意味をめぐる言説全体の中では周縁部分に位置を与えられるべきものなのです。この書物では、このような問題は、主なテーマとしては取り上げられません。

## †情動主義の罠

ところで、「情動主義」(emotivism)というのは、感情が合理的な基礎を欠いた正体不明の心的現象であり、しかも、あらゆる価値判断が感情の反映であることを主張する立場です。価値判断のうち、私たちにもっとも馴染みがあるのは、道徳的判断、つまり、道徳的な意味における善悪をめぐる判断です。情動主義に従うなら、何についても、道徳的判断に代表されるすべての価値判断は、主観的で恣意的な「好き」「嫌い」の言い換えにすぎぬことになり、感情が告げるものを知り、価値評価に真偽を区別する努力など、ナンセンスと見做されざるをえないことになります。

これは、孤立した抽象的な形で取り上げられると、常識に反する極端な立場のように見えます。しかし、感情をめぐる通俗的な見方は、そして、これを精密に模写することにより生れる科学的な説明は、情動主義を基礎とするものであり、したがって、本質的に情動主義的なものです。心理学、社会心理学、行動経済学、精神医学などはいずれも、感情の情動主義的な理解に暗黙のうちに依存しているのです。

本文では、このような学問分野に共通の研究のモデルを取り出し、この点を明らかにします。この書物が「感情の科学」と仮に名づけるこのモデル（一五九頁以下を参照のこと）は、感情をブラックボックスと見做し、入力と出力の単なる関係の束としてこれを記述します。このモデルから逸脱すると、どのような研究も科学的とは認められなくなってしまいますが、それとともに、このモデルを前提とするかぎり、どのような研究も、感情には一歩も接近することができなくなります。

私たちが感情をその真相において捉え、感情の経験を手がかりとして「私とは何者なのか」を問うことが可能になるためには、すべてに先立ち、感情をめぐる通俗的、科学的な見方を斥けることが必要となります。なぜなら、両者は情動主義を前提とするものだからであり、感情を通俗的、科学的に理解しようとするかぎり、感情は、私たちと世界の関係をめぐる根源的な真理を開示して自己了解を促すものなどではなく、刹那的、末梢的な、得体の知れないムズムズした「感じ」にすぎぬものとなってしまうからです。

ただ、感情をめぐる通俗的、科学的、情動主義的な見方が感情についての私たちの見方を強く拘束してきたことは確かです。哲学史に名をとどめる天才たちすら、感情をめぐる通俗的な見方に引きずられてしまうことがないわけではありません。これは、感情の意味を明らかにすることの困難を示す事実です。

しかし、このような支配的な感情理解の引力の及ばない場所に身を置かないかぎり、「感情とは何か」を知ることができず、したがって、具体的な感情の経験を手がかりとする自己了解もまた不可能なままにとどまることは間違いありません。この書物では、情動主義とこれを基礎とする学問分野の枠組を明らかにすることに多くの文字数が費やされます。それは、感情の通俗的、科学的な見方が「感情とは何か」を問う試みにとり大きな障碍になるものだからです。

## †哲学史における「驚き」――「驚き」は真理との出会いのシグナル

感情の意味を明らかにする試みが情動主義の克服を目指すものであるなら、「感情とは何か」という問によって本当に問われてきたものの実質が「感情が私たちに開示する真相とはどのようなものか」という点にあると考えるのが自然であることになります。

哲学史をこの観点から眺めることにより、哲学者たちの戦略が私たちに見えるようになります。すなわち、哲学者たちは、不知不識に、あるいは、暗黙のうちに、「感情そのもの」と名づけることのできるような感情を一つ選んでこれに特別な意味を認め、この感情を手がかりに感情一般の意味を問うという道を歩んできたのです。「感情そのもの」として多くの哲学者によって選ばれてきたのは、「驚き」です。もちろん、本文で述べるように、哲学者たちは、勝手気ままに、あるいは、他の哲学者に倣って漫然と、驚きに「感情そのもの」の位置を与えてきたわけではありません。驚きが特別な感情の位置を伝統的に与えられてきたのは、これが何らかの意味における根源的な真理との出会いのシグナルだからなのです。

ただ、プラトン（紀元前四二七〜三四七年）やプロティノス（二〇五ころ〜二七〇年）に代表される古代ギリシアの哲学者たちのもとで神的な——つまり超人間的な——感情と見做されていた驚き（七二頁以下を参照のこと）は、時間の経過とともにこの神的な性質を少しずつ失って行きます。のちに説明するように、一七世紀の半ば、デカルトは、晩年の小著『情念論』（一六四九年）において、彼なりの仕方で、驚きの理解に関する大規模な先祖返りを試みます（八六頁以下を参照のこと）。それでも、古代ギリシアにおいて放っていた輝きが驚きに戻ることはありませんでした。

感情の意味を明らかにするための手がかりとして「感情そのもの」の意味を問う道を選んだすべての哲学者が驚きに注意を向けたわけではありません。この書物では、驚きに代わり「悦び」に特別な位置を与えたマルブランシュ（一六三八～一七一五年）の試みを簡単に取り上げ、驚きに認められてきたのとは異なるレヴェルにおける感情の新たな役割――政治的、社会的な文脈における位置――をマルブランシュが指し示したことを確認します。

感情（情念）に関するマルブランシュの見解は、「道徳感覚」や「道徳感情」を手がかりに一八世紀のイギリスにおいて試みられた道徳の基礎づけに間接的な影響を与えることになるものであるとともに、民主主義や市民社会の可能性をめぐる現代的な文脈へとこれを置き換えることも可能なものであるように思われます。

**†新たな一歩を踏み出す**

感情は、古代から現代まで多くの哲学者が取り上げてきたテーマです。しかし、少なくとも表面的には、このテーマについては、哲学者たちのあいだに、「感情の問題とは何の問題であるのか」という肝心の点に関するエクスプリシットな合意がないように見えます。

そのせいで、哲学者たちの意図に反し、彼らが語れば語るほど、感情をめぐる言説空間の外観は、雑然としたものになって行きました。

この書物は、すでにさんざん踏み荒らされたこの言説空間への新たな一歩、しかし、混沌を増幅させる一歩ではなく、むしろ、私たち一人ひとりの生活を支える感情という大切な経験の領域を哲学的に測量するための最初の小さな一歩となることを目指すものです。

# 第一章

# 感情の哲学、
# あるいは驚きと悦びについて

## †感情は問われざるをえないものか

「感情とは何か」。この問は、古代ギリシアから現代まで、約二六〇〇年の哲学史に名をとどめる多くの哲学者の注意を惹きつけ、感情の意味を明らかにする試みへと彼らを促してきました。感情の意味を問う作業には、何か無視することのできない意義があるに違いありません。

たしかに、感情の体験は、それ自体としては、平凡きわまる出来事です。「感情」という言葉を耳にして想起すべきものを何も持たない人はいないでしょう。悦び、悲しみ、怒り、憐れみ、恐怖、憎しみ、そして、名を持たぬ無数の複雑な感情……、私たちの心には、たえず何らかの感情が姿を現し、そして、消えて行きます。感情は、誰にとっても熟知の現象であると言うことができます。

しかしながら、それとともに、普通の生活を送っているかぎり、「感情とは何か」という問が私たちの心に自然な形で浮かぶ機会など滅多にありません。これもまた、動かしがたい事実であるように思われます。「感情って何ですか?」などと急に尋ねられれば、誰でも、「『感情って何ですか?』ってどういうこと?」と問い返さざるをえないはずです。

どのような観点から、何を、どのような仕方で説明すれば、「感情って何ですか？」という問に答を与えたことになるのか、見当がつかないからです。

問というものはすべて、きっかけとなる何らかの切実な疑問から生れます。何の疑問も抱かせないような自明のことについて何かを問うとしても、この作業には、文法的に正しい疑問文を作ること以上の意義は認められません。

「私がいる場所は本当に地球なのか」「私は本当にヒトなのか」、私たちは、日常生活において、このような問を問うことはありません。「私が地球上にいること」「私がヒトであること」を事実としてそのまま受け入れても、少なくとも現在の私にとっては何の不都合もないからです。右の二つの疑問文は、さしあたり、疑問なき疑問文であり、この意味においてナンセンスです。ここが地球であり、私がヒトであると考えるかぎり、どうしても理解することのできぬ事柄、むしろ、たとえば「私がいる場所は月である」こと、あるいは「私はウナギである」ことを前提としなければ説明できないような事柄に出会うとき、右の二つの問は、空虚な疑問文であることをやめて実質的な意味を持つことになります。

同じように、感情の意味を問うことが「感情って何ですか？」という疑問文を口にする行動以上の何ものかとなり、感情について本当に考えることが可能となるのは、きっかけとなる疑問が心に浮かぶときであり、かつ、このようなときだけでしょう。感情の意味を把握しないかぎりどうしても解決することのできない謎に逢着するときに初めて、「感情とは何か」という問は、単なる物理的な発声以上の意味をおのずから帯びて私たちの前に姿を現すのです。

ある問が有意味なものであるとは、この問が謎あるいは疑問を前提とすることに他なりません。「感情とは何か」という問が馴染みのあるものではないのは、感情の意味に関する疑問を私たち一人ひとりの心に産み出すようなきっかけが日常生活の目立つところに露出してはいないからであると考えることができます。

とはいえ、古代ギリシアから現代にいたる約二六〇〇年の哲学史において、少なくはない数の哲学者が「感情とは何か」という問の前で立ち止まってきたことは事実です。感情の意味が問われざるをえない問となるきっかけが何もないわけではないと予想することが許されそうです。

実際、哲学者たちの言葉を吟味することにより、「感情とは何か」という問のきっかけとなるものがいくつか認められることがわかります。ここでは、最初に、「感情とは何か」という問への入口になるような事柄を日常生活の中から一つ取り上げ、これを手がかりに、感情の問題へとゆっくり接近します。

## †「理性と感情の対立」という構図――ストア主義における「アパテイアー」について

しかし、その前に、この書物が感情の問題をどのような観点からは取り上げないかということについてお話しします。すなわち、この書物では、「理性と感情の対立」というテーマは取り上げられません。それは、次のような事情があるからです。

哲学者たちが感情の意味について遺した言葉を手もとに集めて比較すると、「感情とは何か」という問に彼らの注意を惹きつけるきっかけとなったものが大雑把な輪郭をともなってただちに姿を現します。哲学者たちはほぼすべて、「理性と感情の対立」の問題、あるいは、同じことですが、「感情のコントロール」の問題に言及しているように見えます。感情による理性の作用の攪乱が、感情の問題への入口となってきたことがわかります。

哲学者たちの関心を理性と感情の対立に求めるかぎりにおいて、感情は、「理性の敵」とならざるをえません。この場合、哲学者たちの見解は、次のような最大公約数的な一文へと圧縮してしまうことが可能となります。すなわち、感情とは、「私たちの内的な自律的な認識能力である理性の作用を攪乱し、合理的な思考や行動を阻碍するものであり、主に身体に働きかける外的な原因に由来する非合理的な心的現象である」と表現することができるでしょう。そして、感情がこのように規定されるのなら、実践面で課題となるものは、理性による自己支配の強化以外には考えられません。

理性による自己支配に関しもっとも有名なのは、紀元前三世紀のギリシアで生れた「ストア主義」です。禁欲的であることを意味する英語の形容詞 stoic は、「ストア主義」(stoicism)に由来するものであり、この事実は、ストア主義と感情の制圧というテーマが一体のものと見做されてきたことを示しています。

ストア主義の倫理学では、「アパテイアー」(*apatheia*)という状態が生活の理想として掲げられます。*apatheia* は、感情を意味するギリシア語の名詞 *pathos* に否定の接頭辞 *a*- を加えることにより作られたものであり、感情によって心が乱されることのない穏やかな状態を意味します。アパテイアーが理想の状態と見做されたという事実から、ストア派の哲学者にとり、感情が重要な問題であったことがわかります。

なお、ギリシア語の「アパテイアー」を語源とする言葉に、現代の精神医学や社会学の術語「アパシー」(apathy)があります。「アパテイアー」は知らなくても、「アパシー」なら知っているという人は少なくないはずです。

しかし、両者の意味は、たがいにまったく異なります。アパシーは、無気力、無関心を特徴とする病的な状態を指すものとして用いられています。これとは異なり、アパテイアーは、単なる無気力、無関心ではなく、況《ま》して、抑鬱状態などではありません。これは、能動的に作り出された心の平穏であり、理性による自己支配の一つの結果に他なりません。アパテイアーをアパシーと重ね合わせることは、慎重に避けられねばならないでしょう。

### †哲学史のなかで疎外されてきた感情論

ただ、理性と感情の対立、感情に対する理性の優位というテーマを目立つ形で主題的に取り上げたのはストア派の哲学者たちばかりではなく、のちの時代の哲学者たちにとってもまた、これは、重要な問題でした。感情がさしあたり「理性の敵」のようなものとして主題化されてきたことを確認しても、理性と感情の対立という観点から哲学史を眺めるとき、感情が「理性の敵」以上の意味ある何ものかとして現れることは、期待することができないように思われます。

中畑正志氏は、『魂の変容　心的基礎概念の歴史的構成』（岩波書店）に収められた論文「〈感情〉の理論、理論としての〈感情〉」において、「感情」が「哲学的分析における疎外状況を脱して、近年では最も人々の関心を惹く話題のひとつとなっている」と述べ、さらに、感情の概念の「分析の進展は、理性と感情との相克あるいは調和という目の粗すぎる問題設定を、もはや過去のものとしたといってよい」と語っています。「理性と感情との相克あるいは調和」という「問題設定」が「目の粗すぎる」ものであり「過去のもの」になったという見解は、誤りではないのでしょう。実際、中畑氏が指摘するように、認知科学や神経生理学の影響のもとで、英語圏の哲学、特に心身問題を主なテーマとする「心の哲学」(philosophy of mind)と呼ばれる分野の内部では、新しい「感情」論が産み出されつつあります。

ただ、前世紀の末から散発的に姿を現すようになったこの動向は、分析哲学に関心のある研究者にとっては大切なものであるかも知れませんが、私の判断では、少なくとも現在はまだ、知的公衆に訴求して歴史的認識の新たな地平を作り出し、感情をめぐる哲学史全体を書き換えるほどには成熟してはいません。このかぎりにおいて、理性と感情の対立というテーマは、古色蒼然とした趣を具えたものであるとしても、完全に無効になったわけではないように思われます。

## †感情と気分――感情は理性の別名である

むしろ、この書物が理性と感情の対立というテーマを手がかりに感情の真相に接近する道を選ばないのは、これが、少なくとも現代の平均的な日本人にとっては、かなり退屈なものとなることが避けられないからです。理性と感情の対立は、一種の紋切型であり、誰でも何となく意味がわかっているつもりになっているものではあります。しかし、それとともに、この論点を切実なものとして、みずからのものとして引き受けることのできる人は、必ずしも多くはないのではないかという気がします。

最近は、「アンガー・マネジメント」と呼ばれるアメリカ式の「感情」管理術が少しずつ知られるようになっています。このような「感情のコントロール」に興味のある人は、皆無ではないかも知れません。ただ、厳密に考えるなら、「アンガー・マネジメント」が課題とするのは、「怒り」（anger）の名を与えられた感情のコントロールではなく、怒りの表現として普通には受け取られている発言や行動と怒りの感情を結びつけることを容易にするような「気分」のコントロールにすぎません。この点については、のちにもう少し立ち入って説明します（一六〇頁以下を参照のこと）。

むしろ、本当の意味における怒りのコントロールが可能であるなら、それは、怒りを変化させ、別の感情を産み出す操作でなければならないでしょう。いわゆる「アンガー・マネジメント」は、部下のミスに腹を立てた私が部下を怒鳴りつけるのを思いとどまることを可能にします。しかし、右で述べたように、厳密に言うなら、これは、感情のコントロールではなく、気分をコントロールし、感情と行動の結びつきを遮断する操作にすぎません。アンガー・マネジメント、つまり、怒りのコントロールが本当に可能であるなら、それは、部下のミスという事実について、怒りの代わりに「憐れみ」「悦び」「妬み」「敬意」などを覚えるようにさせる(ありうべからざる)技術でなければならないはずです。なお、部下のミスに悦びを覚えたり、これを尊敬したりするのが上司として有意味な適切な反応であるかどうかということは、また別の問題になります。

私たちにコントロール可能なのは気分だけであり、気分から区別された感情というものは、外部からの一切のコントロールを受けつけないものなのです。「感情」という名詞によって大雑把に指し示されているものの多くは、「感情」ではなく、本当は「気分」や「知覚」などに分類されるべきものであると言うことができます。

感情をコントロールすることができないのは、理性が感情の「手綱」を握ることができないからではありません。感情を理性から区別するのは不可能であり、理性には、感情の「手綱」を握る必要などないからです。理性は、私たち一人ひとりの内部に由来する自己支配の原理ですから、「暴走」し「逸脱」することがありません。理性と感情が一つのものであるかぎり、感情にとってまた、「暴走」したり「逸脱」したりする危険を想定するなど必要ではないことになります。

## †「理性の時代」の感情論――デカルト、スピノザ、マルブランシュの場合

理性と感情の対立というテーマを引き受けることが困難であるのには、さらに次のような事情があります。感情について熱く語ることにより歴史に名をとどめる哲学者たち、たとえば、デカルト、スピノザ、(一六三二～一六七七年) マルブランシュなどの時代とくらべ、二一世紀初めの現在では、「理性」の価値が暴落しています。そのために、現代の平均的な日本人のあいだでは、理性と感情の対立を抜き差しならないものとして受け取る機会は、必ずしも多くはありません。

一七世紀には、感情の問題が多くの哲学者たちの共通のトピックとして繰り返し取り上げられていました。感情の意味を明らかにする試みを歴史的に辿る場合、これは、避けて

通ることのできぬ時代です。右に名を挙げた三人の哲学者が活躍したのも、まさにこの一七世紀でした。

ただ、哲学史における一七世紀というのは、「理性の時代」(age of reason) であり、この時代には、理性という認識能力に対し高い価値が認められ、大きな期待がかけられていました。理性に対するこのような態度は、一八世紀——こちらは「啓蒙の時代」(age of enlightenment) と呼ばれています——に啓蒙主義を産み、最終的には、カント(一七二四〜一八〇四年)とドイツ観念論において完成し破綻することになります。もっとも広い意味における現代哲学をヘーゲル以後の哲学と見做すなら、現代哲学とは、理性に対するこの無際限の過剰な信頼に対する謙虚な反省に始まるものであり、ヘーゲル以後を生きる私たちが理性に対しいくらか懐疑的であるのは、当然であることになります。

このような事情を考慮するなら、理性と感情の対立というテーマをみずからのものとして受け取るためには、一七世紀の哲学者たちの身になり、「理性」の重みを引き受けることが必要となります。しかし、これは、現代の平均的な知的公衆にとっては、相当な負担になるはずです。理性と感情の対立とは異なる観点から「感情とは何か」という問に接近し、哲学者たちの言葉を読みなおす方が、現代の私たちには無難であるに違いありません。

## †哲学史のなかの感情――ストア主義がもたらしたもの

理性と感情の対立というトピックを取り上げない理由について、もう少し補足します。哲学史に関する素朴な常識は、感情の意味を明らかにする試みの歴史を遡ると、ストア主義に辿りつくことを教えます。ストア派の哲学者は、「感情とは何か」という問に答える試みの端緒に位置を占める存在であると普通には考えられているのです。そして、彼らが「感情とは何か」という問に答えるために設定したのが、理性と感情の対立という枠組です。ストア主義において、感情は、倫理学の問題であり、感情の制圧と理性による自己支配――その目標が「アパテイアー」です――という課題、ある意味では身も蓋もない実際的な課題を解決するために取り上げられたものでした。

哲学の世界で主題的に取り上げられる問題には、何らかの理由により重要な意義を認められ、哲学史に繰り返し姿を現すものがいくつかあります。「存在」「真理」「他者」「主観／客観」「時間／空間」……、これらの問題は、「哲学の根本問題」などという大げさな名前で呼ばれるのが普通です。また、このような問題はいずれも、プラトンとアリストテレス（紀元前三八四～三二二年）という二人の哲学者によって最初に表現を与えられ、輪廓が定められたものでもあります。

プラトンとアリストテレスの二人は、哲学史において特別な位置を与えられてきた存在です。二人が特別に重視されてきたのは、彼らが問題を巧みに解決したからであるというよりも、むしろ、新たな問を問うことにより、哲学に固有の領域を切り拓いたからであると考えるべきであるように思われます。この二人に限らず、一般に、哲学者たちの歴史的な位置は、あらかじめ与えられた問への答ではなく、彼らによって新たに問われた問によって決められてきました。これは、哲学を普通の科学から区別する重要な標識であるに違いありません。

ただ、感情に関するかぎり、この現象の意味を明らかにする試みの出発点に位置を占めるのは、プラトンとアリストテレスではなく、彼らのすぐあとに姿を現したストア派の哲学者たちであると普通には信じられています。実際には、のちに少し述べるように、プラトンとアリストテレスの著作には、感情の問題への言及が散見しますが、それでも、ストア派の哲学者たちの方が重要であると考えられているのには、次のような事情があります。

哲学史には、感情の問題が繰り返し取り上げられた時代が二つあります。一つはヘレニズム時代、もう一つは一七世紀から一八世紀です。そして、一七世紀以降、感情が共通のトピックの一つとして哲学者たちの知的関心の前景に姿を現したとき、そのきっかけとなったのが、一六世紀末のフランスを中心とする知的世界で顕著になったストア主義の再評価の試みです。感情の意味を問うためにストア派の哲学者たちが設定した枠組と語り方は、近世の哲学者たちに受け入れられ、彼らを媒介として、さらにのちの時代においても少なからぬ拘束力を持ち続けることになります。感情の意味を問うにあたり、ストア主義が重要であると考えられている理由です。

## †一六世紀フランスにおけるヘレニズム哲学の復権

一六世紀のフランス、つまり「フランス・ルネサンス」において復権したのは、ストア主義ばかりではありません。一五六二年、フランスの文献学者アンリ・エティエンヌ（一五二八／三一～一五九八年）は、紀元後二世紀の著述家セクストス・ホ・エンペイリコス（一六〇～二一〇年ころ）の著作『ピュロン哲学概要』をラテン語に翻訳して公刊します。ピュロン（紀元前三六〇ころ～二七〇年ころ）は、紀元前三世紀のギリシアの哲学者であり、ヘレニズムにおける「懐疑主義」を代表する存在です。ピュロンの懐疑主義を解説したこの著作の翻訳がきっかけとなり、フランスを中心とする当時の西欧の知的世界に「懐疑主義」が流行します。

二〇世紀後半のフランスを代表する思想家の一人ミシェル・フーコー（一九二六～一九八四年）は、『言葉と物』（一九六六年）において、一六世紀末から一七世紀初めの西欧で惹き起こされた「エピステーメー」（思考の枠組）の巨大な転換を主題的に取り上げ、この時期が大きな断絶の時期であり、近代世界において支配的な思考の枠組が一七世紀に姿を現したことを強調します。エピステーメーの転換に関するフーコーの見解は、現在では、思想史的な常識として受け入れられています。そして、懐疑主義が復権し流行したのは、ちょうどこのエピステーメーの転換の時期に当たります。ピエール・シャロン（一五四一～一六〇三年）の手になる『智慧について』（一六〇一年）は、当時の極端な懐疑主義（とその帰結としての不可知論）を代表する著作です。

懐疑主義は、知的世界に深刻な動揺を惹き起こしました。これは、普通には「ピュロン的危機」と呼ばれています。よく知られているように、デカルトは、『方法序説』（一六三七年）において、確実な真理に辿りつくことを目指す思考実験を提案し、「方法的懐疑」（または「普遍的懐疑」）の名をこれに与えます。「明証的に真であると認めることなしには、いかなることも真であるとして受け取らぬこと」（『方法序説』第二部）から始まるこの思考実験が遂行されるなら、その涯には、「コギト」（＝「われおもう、ゆえにわれあり」）という絶対に確実な真理（とデカルトが考えるもの）が姿を現すとデカルトは理解します。

検閲や異端審問を怖れたのでしょう、デカルトの著作では、時代との結びつきを読者に想起させるきっかけとなるような表現はすべて、慎重に取り除かれています。彼がどのような性格の持ち主であったのか、確実なことはわかりません。それでも、歴史に名を遺す哲学者の多くとは異なり、高度に現実的、政治的な一面、世俗との衝突を巧みに回避しながら自分の目標を器用に追求する老獪な人物としての一面がデカルトにあったことは間違いないと一般に考えられています。現代フランスの作家ジャン＝クロード・ブリスヴィル（一九二二年〜　）の戯曲『デカルト氏が青年パスカル氏と行った対話』（一九八五年）（邦題は『デカルトさんとパスカルくん――劇的対話』〈竹田篤司、石井忠厚訳、工作舎〉）は、親子くらい年齢の離れた若いパスカル（一六二三〜一六六二年）との対話という設定のもとで、デカルトのこのような側面を際立たせています。

もちろん、一方において、このような配慮のおかげで、彼の著作は、時代とともに古びることを免れ、五〇〇年近くを経た現代でもなお、新たな読者を獲得し続けています。しかし、他方において、著者によるこのような行き届きすぎた工夫のせいで、『方法序説』

や『省察』（一六四一年）などの著作に含まれる「コギト」に関する説明は、現実離れした思索の結果であるかのような印象を読者に与えます。

とはいえ、デカルトのこの「コギト」を精神史的なパースペクティヴのもとで眺めることにより、これが懐疑主義への応答として、つまり、知の再建の試みとして知的世界に差し出されたものであることがわかります。「コギト」は、空想的な無責任な思いつきなのではなく、時代が共有する切迫した危機を克服するための知的作業の産物として理解されるべきものなのです。

なお、ヘレニズムの哲学においてストア主義とともに支配的な位置を占めていたエピクロス主義もまた、一七世紀に復権します。エピクロス主義というのは、紀元前三世紀のギリシアの哲学者エピクロス（紀元前三四一～二七〇年）に起源を持つ哲学的な立場であり、禁欲を本質とするストア主義とは反対に、快楽主義に特徴があると一般に考えられています。美食家が「エピキュリアン」（epicurean）と呼ばれるのは、「エピクロス主義」（Epicureanism）が快楽（＝苦痛のない状態）を肯定的に評価するからです。このエピクロス主義を一七世紀において代表するのは、デカルトの論敵の一人であり、「コギト」の根源的性格を否定したことで知られるピエール・ガッサンディ（一五九二～一六五五年）です。

ガッサンディは、エピクロス主義の原子論を復活させたことで特に有名です。

## †感情をめぐるストア主義の立場を否定

ストア主義、懐疑主義、エピクロス主義……、一七世紀には、ヘレニズムの哲学が相次いで哲学史の地平の上に姿を現します。当時の知的世界において、ヘレニズムの哲学者たちの存在感の決して小さくはなかったこと、ヘレニズム時代の哲学者たちが、当時の人々にとり、現代の私たちが考える以上に身近であったことがわかります。

残念ながら、古代ギリシアのストア派の哲学者たちの手になる著作のうち、完全な形で現存するものは一点もありません。近世の哲学者たちの手もとにあったのは、ときには断片的に、ときには間接的に伝えられたわずかな分量の言葉でした。それでも、ストア主義は全体として、一七世紀の哲学者たちの注意を惹きつけ、哲学的な思索に大きな刺戟を与えることになります。

ストア主義は、ヘレニズムにおける支配的な思想の一つであり、さらに、のちの時代に与えた影響、特に一七世紀以降の西欧の知的世界に与えた影響に関しても、ストア主義には無視することのできぬ歴史的役割が認められねばなりません。しかし、それとともに、古代末期以降、感情の問題に言及したり、この問題を主題的に取り上げたりした哲学者たちはほぼすべて、理性と感情の対立という枠組を表面的にはストア主義から借用しながら、感情をめぐるストア主義の立場、特にアパテイアーについては否定的な評価を遺しています。少なくとも、この書物において話題になる哲学者たちの誰ひとり、ストア主義に対して好意的な態度を示してはいません。

哲学の外部における広い知的世界への影響とは反対に、感情の問題に関するかぎり、哲学者たちのあいだでのストア主義をめぐる評価は、全体として否定的であると言うことができます。理性と感情の対立というテーマをそのまま引き受けることには慎重になった方が無難であることは、のちの時代の哲学者たちがストア主義に与えた評価からも確認することができます。

## †感情を喚起する藝術作品

そこで、「感情とは何か」という問に接近するための手がかりとして、ここでは、藝術作品と感情の問題を最初に取り上げます。そして、藝術作品の意味を考えるとき、誰もが逢着せざるをえない感情をめぐる謎を確認します。

藝術作品は、これを享受する者を何らかの意味において「感動」させます。つまり、私たちにとり受け入れ可能な何らかの感情を惹き起こします。もちろん、どのような者に対しどのような性質の感動を与えるのか、これは、藝術作品により区々《まちまち》です。現代音楽を代表するアメリカの作曲家ジョン・ケージ（一九一二～一九九二年）には、「四分三三秒」（一九五二年）という作品があります。これは、二七三秒の無音の時間を記録したものです。このような特殊な「作品」がこれを「聴く」者に対しどのような感動を与えるのか、現代音楽に通じていない私には残念ながらまったくわかりません。それでも、人を感動させる力が藝術作品を他から区別する標識であるという考え方は、広い範囲において受け入れられているものであるはずです。感動させること、感情を喚起することが藝術作品の作用の一つであることは間違いないように思われます。

しかし、藝術作品が惹き起こす感情には、一つの不思議な特徴があります。藝術作品により喚起される感情は、それ自体としては楽しいものであるとはかぎらないのに、それにもかかわらず、私たちは、これを「楽しい」ものとして積極的に引き受けるからです。

映画のジャンルの一つに「ホラー映画」と呼ばれているものがあります。「ホラー映画」の名は、観る者に「恐怖」（horror）を惹き起こすことから与えられたものであるに違いありません。実際、「ホラー映画」に分類される作品では、何らかの意味における「恐怖」を観客に惹き起こすことを最終的な目標として、さまざまな工夫が試みられているように見えます。私自身は、ホラー映画を好みませんし、これを藝術作品と認めるのには抵抗を覚えます。それでも、ホラー映画に多くのファンがいることは事実であり、この意味において、ホラー映画の鑑賞は、藝術作品の享受に固有の楽しさを具えた経験に属するものなのでしょう。

しかし、少し落ち着いて考えてみれば誰でもわかるように、時間とエネルギーと金銭を投じてホラー映画を自発的に鑑賞するというのは、実に不可解な行動です。映画の外部に広がる現実の世界では、このような恐怖を惹き起こす可能性の少しでもあるような事態を回避するため、誰でもあらゆる努力を惜しまないのが普通だからです。

ホラー映画と同じことが目の前で実際に出来《しゅったい》すれば、これは、間違いなく心に深い傷を与えます。猟奇殺人の現場に立ち会い、遺体が切り刻まれて内臓や血液や脂肪が飛び散るのを実際に見たいとは誰も考えないでしょう。近所の人たちが「ゾンビ」になって街を徘徊する光景、あるいは、家族が「吸血鬼」に襲われる光景を見たいと思う人もいないでしょう。況して、このような光景を見るために代金を支払うなど、ありうべからざることであるに違いありません。しかし、現実世界とは異なり、ホラー映画を観るときには、たしかに、私たちは、深刻な恐怖を体験しながら、それとともに、これを「楽しい」ものとして受け取ります。

スリラー映画についても、事情は同じです。アルフレッド・ヒッチコック（一八九九〜一九八〇年）が監督した「裏窓」（一九五四年）「めまい」（一九五八年）「北北西に進路を取れ」（一九五九年）などについて、それぞれの映画に描かれた一まとまりの出来事が実際に起こると仮定し、このような出来事の当事者になってみたいかと一〇人に尋ねれば、一〇人のうち少なくとも九人は、「怖いし、面倒くさいし、鬱陶しいし、絶対にいやだ」と答えるに違いありません。それでも、このような映画の鑑賞が「楽しい」経験に属するものと見做されていることは事実なのです。小説、演劇、音楽などについても、同じことが言えるでしょう。

現実の世界では決して体験したくないような感情、決して心に抱きたくないような感情でも、藝術作品の享受の場ではなぜか快楽として受け取られます。これが、藝術作品が惹き起こす感情の不思議な点です。

## †藝術の本質とは?——アリストテレス『詩学』の感情論

この点に関するまとまった見解を最初に明らかにした哲学者として、アリストテレスの名を挙げることができます。アリストテレスの『詩学』は、ギリシア悲劇をテーマとする短い著作であり、この著作は、「ポイエーシス」つまり藝術が「ミーメーシス」(≒模倣)に他ならないという主張から始まります。ミーメーシスの産物としての藝術作品の享受がなぜ快楽を産み出すのか、この点について、アリストテレスは、次のような説明を遺しています。

アリストテレスによれば、藝術作品が与える快楽には、人間の本性に属する二つの原因を認めることができます。①原因の一つは、「ミーメーシス」の本能です。この本能のおかげで、人間は学習により知識を身につけられるとアリストテレスは理解します。②もう一つの原因は、ミーメーシスの結果として産み出された作品を眺める快楽です。

アリストテレスは、『詩学』において、オリジナルに当たるものが好ましいものであるか、あるいは、厭わしいものであるということには関係なく、藝術作品が必ず快楽を与えることを主張します。

……それ自体としては眺めると苦痛を覚えるようなものでも、細部にわたって忠実に複製されると、私たちはこれを悦んで眺める。もっとも下等な動物や死骸の形が複製されるとしても、私たちはこれを悦ぶ。なぜこのようなことが起こるかと言えば、それは、学ぶことがもっとも活き活きとした快楽だからであり、これは、哲学者にとってばかりではなく、普通の人々にとってもまた快楽だからである。……このようにして、人々は模像を眺めて楽しむのだが、それは、模像を眺めることにより、「おっ、これがあの野郎なわけか」などと言いながら、みずからが学んだり、推理したりすることになるからなのだ。（1448b10）

アリストテレスは、藝術作品が与える快楽が作品の中にオリジナルを見る快楽、つまり、再認の快楽であり、再認の快楽が学ぶことの快楽であることを主張します。アリストテレスに従うかぎり、藝術作品を享受するたびに、私たちは、何かを学んでいるのであり、この「学ぶこと」が快楽の直接の原因であることになります。

## †真理は感情として意識に姿を現す

古代ギリシア語の名詞 *mimesis* は、日常的なコミュニケーションの場面では、「模倣」という意味で用いられるのが普通です。しかし、アリストテレスの場合、ミーメーシスは、オリジナルの単なる機械的な複製、再現、コピーではなく、これには、オリジナルに潜む本質を露呈させるという作用が認められています。この書物において、これまで「ミーメーシス」を「模倣」と訳してこなかった理由です。実際、アリストテレスは、『詩学』の後半において、藝術作品が事実の機械的なコピーではないことを強調します。

さらに、これまで語られてきたことから、次の点は明白である。すなわち、実際に起こったことではなく、起こりそうなこと――つまり、蓋然性または必然性の法則に従って可能なこと――を語るのが藝術家の役割である。藝術家と歴史家は、韻文で書くか散文で書くかという点に違いがあるのではない。ヘロドトスの著作は、韻文で書いてもよかったものであろうが、韻律があってもなくても、それはいずれにせよ歴史の一種であろう。

両者の本当の違いは、次の点にある。すなわち、一方が実際に起こったことを書き、他方は、起こりそうなことを書く点にあるのである。したがって、藝術作品は、歴史よりも哲学的なもの、意義深いものである。というのも、藝術作品は、普遍的なことを表現しようとするものだからであり、歴史は、個別的なことを表現しようとするものだからである。「普遍的」ということで私が言いたいのは、蓋然性あるいは必然性の法則にもとづいて、ある類型の人間がある場合にどのように語ったり行動したりするかということである。そして、この普遍性こそ、藝術作品が登場人物に与える名のもとで目指すものなのである。……（1451a36）

アリストテレスに従うなら、藝術作品というのは、現実の単なるコピーではなく、私たちが現実の生活において出会う事柄の真相を普遍的な仕方で表現したものであり、世界に関する根源的な真理の表現として受け取られねばならないことになります。根源的な真理が私たちに告げられるとき、これは、さしあたり感情として意識に姿を現します。

……すなわち、悲劇とは、ある長さを具えて完結している卓越した行為のミーメーシスであり、快い効果を持つ言葉によって語られ、それは（劇の）部分によって別々に使われ、叙述によるのではなく演技者によるのであり、憐れみと恐怖を通じてこのような感情のカタルシスを達成する。……（1449b24）

『詩学』では、ギリシア悲劇が惹き起こす感情として「憐れみ」（という過去に向けられた感情）と「恐怖」（という未来に向けられた感情）の二つが挙げられています。『詩学』には、ギリシア悲劇が、これら二種類の感情を観る者の心に産み出すことにより、最終的に、このような感情の「カタルシス」を実現することが記されています。

### †「プロットの藝術」としての悲劇――アリストテレスと藝術理論

『詩学』という表題を持つ小さな著作は、古代末期のいずれかの時期に読者公衆の前から姿を消し、中世には、タイトル以外は知られていませんでした。中世の神学者たちは、アリストテレスの著作をつねに参照し、みずからの著作においてアリストテレスの言葉を権威として繰り返し引用します。中世の文献で修飾語をともなわない「哲学者」（philosophus）という言葉が使われていたら、それは、アリストテレスを指し示しています。アリストテレスが、中世において、「哲学者そのもの」として評価されていたことがわかります。しかし、アリストテレスの著作のうち、『詩学』からの引用だけは、一つも見出すことができません。

一四世紀のイタリアの詩人ダンテ（一二六五～一三二一年）は、アリストテレスを好んだことで知られており、大作『神曲』には、アリストテレスが煉獄の住人の一人として登場します。ある研究者の調査によれば、ダンテの著作には、アリストテレスが引用、参照されている箇所を三〇〇以上も確認することができるようです。みずから詩を書き、文学の本質を主題とする文章（『俗語論』第二巻）を遺すほどの人物なら、『詩学』に無関心であるはずはありません。それにもかかわらず、現実には、ダンテが『詩学』を参照した形跡はないようです。この事実は、ダンテにとり、アリストテレスのこの著作を読むことが不可能であったことを示しています。

その後、ルネサンスになり、全部で二巻からなる『詩学』のうち、第一巻――これが現存する『詩学』です――が発見され、読者公衆の前に姿を現します。喜劇論を内容とするものであったと推定されている第二巻の方は、発見されることなく現在にいたっています。ウンベルト・エーコ（一九三二年～　）の最初の小説『薔薇の名前』（一九八四年）は、この第二巻が失われた経緯をテーマとするミステリーです。

一六世紀以降、『詩学』は、ヨーロッパの藝術理論、特に演劇理論に対し途方もなく大きな影響を与えてきました。しかし、『詩学』の鍵概念の一つである「カタルシス」の意味については、さまざまな解釈が試みられ、研究者の見解は一致していません。一九世紀まで支配的であったのは、カタルシスを生理的なプロセスと見做す解釈です。つまり、カタルシスとは「泣いてスッキリする」ことであり、悲劇とは下剤のようなものであると考えられていたわけです。これに対し、二〇世紀になると、憐れみや恐怖の感情を惹き起こす原因となったものを把握すること、つまり、劇のプロットの構造の全体を把握し、「見通しをよくすること」がカタルシスの意味であると考えられるようになります。どちらが正しいのか、断定的なことは言えません。

ただ、次の点は、確かであるように思われます。『詩学』において、アリストテレスは、悲劇の実質を「すぐれた人間」の行為を描写する「ミュトス」つまりプロットに求め、悲劇が藝術作品であるのは、これがミュトスのミーメーシスだからである点を強調します。観客の心に感情を惹き起こす作用も、根源的な真理を開示する作用も、アリストテレスの場合、すべてミュトスに帰せられます。

さらに、前に述べたように、アリストテレスにとり、藝術作品の享受の快楽は、「学ぶこと」の快楽に他なりませんでした。ギリシア悲劇がミュトスの藝術であり、ミュトスの厳格な構成の把握によってのみ作品の享受が可能になることを考慮するなら、カタルシスを「見通しをよくすること」と解釈する試みは、決して不自然はないばかりではなく、藝術の意味を「存在者の真理の作品化」、つまり根源的な真理の「非-隠蔽性（ア・レーテイア）」に求めるハイデガー（一八八九～一九七六年）（『藝術作品の起源』）以降の藝術論の基本的傾向にも合致するように思われます。

**†すべての藝術作品がプロットを具えているわけではない**

ただ、ギリシア悲劇にはミュトス（＝プロット）があり、物語の進行の必然性または蓋然性を認めることが作品の理解に不可欠であるとしても、すべての藝術作品がプロットを具えているわけではありません。また、プロットを具えた藝術作品でも、プロットの合理的な構成のみが作品の価値を決めるわけでもありません。

ゲーテ（一七四九～一八三二年）の長篇小説『ヴィルヘルム・マイスターの修業時代』（一七九六年）は、ドイツ語圏の文学を代表する「教養小説」（Bildungsroman）であり、万人が読むべき古典に属すると一般に認められています。しかし、この作品のプロットに、アリストテレスが悲劇に要求したような意味における必然性や蓋然性を認めることは容易ではありません。むしろ、現代の小説に慣れた読者には、この大作の物語の進行が場当たり的なもの、おざなりなものと感じられるに違いありません。

ヨーロッパの場合、ヘレニズム時代から一九世紀初めまで、長篇小説というのは、エピソードを並列的につないで作られた雑然とした「お話」にすぎず、作品の有機的な構成は、小説にとり必須ではありませんでした。むしろ、エピソードの組み合わせに内的な必然性が欠けていること、構成が緩やかであることは、小説というジャンルに固有の特徴ですらありました。ラブレー（一四八三ころ～一五五三年）の『パンタグリュエル』（一五三二年）『ガルガンチュア』（一五三四年）、セルヴァンテス（一五四七～一六一六年）の『ドン・キホーテ』（一六〇五～一六一五年）など、一八世紀までの長篇小説が現代の私たちにとって読みにくく、事実上の「読まれざる古典」となっているのは、作品の構成があまりにも緩やかであるために、物語の進行について見通しがきかないからです。また、このような特徴のせいで、小説は、ながいあいだ独立した文学のジャンルとは見做されてきませんでした。ゲーテの『ヴィルヘルム・マイスターの修業時代』が現代の平均的な読者にとり魅力に乏しいように見えるのは、これが、古い時代に属する小説だからです。

小説がこのような緩やかな雑然とした体裁を捨て、作品を構成するエピソードのあいだの有機的な連関をみずからに課すようになるのは、一九世紀前半のことです。この時期、バルザック（一七九九〜一八五〇年）やオースティン（一七七五〜一八一七年）などの作家たちのもとで、小説に演劇的で統一的な構成が与えられ、そして、小説が文学全体に占める位置もまた、急速に向上して行きます。

一九世紀後半、小説は、一言一句まで変更を許さぬ必然性を帯びた作品を産み出すレヴェルに辿りつきます。小説というジャンルのこのレヴェルを代表するのはフローベール（一八二一〜一八八〇年）です。寡作であったフローベールは、小説というジャンルに対し、そして、みずからの作品に対し大きな誇りを抱いていました。

## †不合理だけど感動する！——映画「ユー・ガット・メール」について

とはいえ、作品が惹き起こす感動と作品において表面的に描かれる事柄の成り行きのあいだに必然的な関係が認められない場合は少なくありません。

一九九九年に日本で公開されたアメリカ映画に、「ユー・ガット・メール」（*You've Got*

*Mail*）という作品があります。これは、興行的に成功したばかりではなく、批評家から好意的な評価を受けた作品でもあります。

映画の最後の場面において、私たちは、「安心」に似た感情、しかし、微妙な寂しさを帯びた複雑な感情を体験するはずです。この作品は、このような繊細な感情を理解する者がいるかぎり、今後も観客を獲得し続けるに違いありません。

「ユー・ガット・メール」には、二人の主人公がいます。一人は、大型書店チェーンの経営者の男性です。そして、もう一人は、ニューヨークのマンハッタンに小さな書店を開いている女性です。これは、子ども向けの本を専門とする書店であり、女性が自分の母から受けついだものです。

映画は、この小さな店のすぐ近くに、もう一人の主人公である男性が経営する大型書店が出店するところから始まります。女性は、これが自分の店とコミュニティを危うくすると考え、マスメディアを利用し、出店阻止の運動を始めます。当然、二人の主人公の利害は対立し、たがいに対する中傷が繰り返されます。

しかし、それとともに、主人公の二人は、ハンドル・ネームを使い匿名でメールを毎日のように交換するネット上の親しい友人であり、二人とも、このネット上の付き合いを心の支えにしています。もちろん、二人とも、自分がメールを交換している相手の正体を知りません。作品の中で二人がメールの交換に利用しているのは、当時は世界最大のインターネット接続サービス会社であったAmerica Online――現在のAOL――が提供していたソフトウェアであり、このソフトウェアには、メールが届くと、"You've got mail"という音声でこれを教えてくれる機能がありました。作品のタイトルは、この音声からとられています。作品では、現実の世界における二人のトゲトゲした関係と、ネット上での親密な関係が並行的に描かれます。

しかし、作品の途中で、男性は、あるきっかけにより、ネット上で付き合っている匿名の女性が自分を攻撃している小さな書店の店主であることを知り、しかし、自分の正体を明かさぬまま、ネット上での付き合いを続けます。さらに、現実の世界でも、自分がこの女性を好きであることに漠然と気づき始め、女性のとのあいだの距離を縮める工夫を始めます。ただ、当然、男性にとっては、女性がネット上の友人の正体に気づくときの反応が気になります。そして、作品の後半、この気がかりが物語の前景に現れるとともに、観客の注意もまた、この点へと否応なく惹きつけられ、作品の最後において、私たちは、女性の反応を知ることになります……。

しかし、この作品を少し冷静に見なおせば誰でもすぐに気づくように、「ユー・ガット・メール」という作品の終りは、作品の枠組をなす事柄の合理的な帰結として理解可能なものではありません。少なくとも、ミュトスの構成の必然性のみに注意を向けるなら、映画の終りが事柄の終りと一致してはいないことは、ただちにわかります。なぜなら、物語の前提となっている状況に好ましい変化が訪れるわけではなく、それどころか、女性の店は閉店を余儀なくされてしまうからであり、また、このような状況に根本的な変化が認められないかぎり、二人の主人公のあいだの利害は対立したままにとどまるはずだからです。私たちは、このような表面的な事柄の成り行きに逆らう形で何らかの感情を体験していることになります。

この映画では、主人公の女性は、恋人、母から受けついだ店、仲間など、馴染みのあるもの、大切なものを、ときには意に反して失い、ときにはみずからの選択により捨てて行きます。当然、物語の進行とともに、彼女は、つらい状況に追い込まれます。

作品の終る約五分前、この女性は、自分にとってそれなりに価値があったはずのあるものを捨てます。しかし、彼女は、この選択により捨てたものを、まさに同じ選択のおかげで取り戻し、そして、映画はここで終ります。

主人公の女性の選択が複雑な困難なものであったこと、しかし、この困難な選択をあえてみずからに課すことがなければ、彼女には、自分が逡巡のあとに捨てたものを取り戻すことができないばかりではなく、自分が捨てたものの本当の価値を認識することもできないこと、映画を観る者は、このような了解を不知不識に前提として、主人公たちの行動を眺めるはずです。この映画において感動の前提となるのは、作品が終る約五分前に行われる選択であり、肯定的な感情を惹き起こすのは、この選択の困難（と観客が予想している選択の結果）に他なりません。この映画は、何かを「選びとる」ことの真相を開示しているのであり、この映画に感動することにより、私たちは、「選びとる」こと一般が私たちの人生において持つ何らかの意味を教えられていると考えるべきなのでしょう。

## †真理は感情として与えられる

私たちが藝術作品の享受において快楽を受け取るのは、藝術作品が事柄の真相の表現であり、世界に関する根源的な真理を告げるものであるからに他なりません。藝術作品の享受における快楽は、本質的に知的な快楽なのです。

そして、藝術作品が本質的に知的な快楽を与えるものであるとするなら、藝術作品が私たちの心に産み出す感情とは、真理の記号であり、感情が真理の記号であるからこそ、藝術作品の与える感情が快楽となると考えるのが自然であるように思われます。言い換えるなら、藝術作品の享受において、根源的な真理は、感情として与えられると考えざるをえません。感情が根源的な真理の表現であるからこそ、恐怖、憎しみ、悲しみのような「否定的な」感情、現実の生活では何としてでも逃れたいと誰もが願うような感情すら、藝術作品によって惹き起こされたものであるかぎりにおいて、むしろ、これをすすんで引き受けることが可能になるわけです。

とはいえ、感情は、藝術作品によって与えられるものであるとしても、あるいは、平凡な色あせた日常生活において誰もが出会うものであるとしても、感情であるという点において違いはありません。藝術作品が惹き起こす感情は、普段の生活の中で私たちの心に姿を現す感情と連続したものであり、それゆえにこそ、私たちは、映画を観て感動することができるのです。感情が根源的な真理の記号としての役割を担うのは、藝術作品の享受の場面に限られるわけではないはずです。

## †哲学史における感情論の三つの段階

実際、哲学者たちは、藝術作品の享受という特別な機会において私たちに到来する感情ばかりではなく、日常生活において出会われる普通の感情についてもまた、これを真理の記号として把握しうるものと見做します。そして、この観点から哲学史を眺めることにより、事柄の真相と感情の関係をめぐる哲学者たちの見解が時間の経過とともに少しずつ成熟して行ったことがわかります。

この成熟には、三つの段階を大雑把に区分することが可能です。

まず、①事柄の真相が明らかになるときに私たちに到来する特別な感情を一つ選び出す段階。この段階を代表するのは、プラトンとアリストテレスです。

次に、②この感情と他の感情との関係を記述する段階。この段階の試みのまとまった表現は、デカルトの『情念論』のうちに見出すことができます。この特別な感情が決して特殊なものではなく、むしろ、もっとも普遍的でありもっとも根源的でもあるような感情。「感情そのもの」と名づけることができるようなものであることが明らかになってきます。

最後に、③この「感情そのもの」のうちに見出された感情の本質にもとづき、すべての感情が本質的に快楽の経験であることを確認する段階。デカルト以降、スピノザを経てマルブランシュにおいて表現を与えられることになるのがこの段階です。ここで初めて、藝術作品の享受が惹き起こす感情と日常的な感情との関係が遠望されるようになります。

## †哲学は「驚き」から始まる――プラトンの感情論

ここからは、三つの段階を一つずつ簡単に説明して行くことにします。

感情が真理の表現であり、真理が感情として与えられることは、多くの哲学者によって認められてきた点です。少なくとも、感情の中には、真理の記号と見做しうるものが含まれているというのは、すでに古代ギリシアにおいて、直観的な形で共有されていた了解であったに違いありません。

多くの哲学者が真理への通路と見做したのは、「驚き」の感情です。驚きを縁《よすが》に哲学史を古代へと遡ると、私たちは、プラトンに辿りつきます。プラトンにとり、驚きは、特別な役割を担う感情でした。たとえば、『テアイテトス』には、ソクラテスの次のような発言が見出されます。この一節をもとに作られたのが、「哲学は驚きから始まる」という格言的な表現です。

……この様子では君（＝テアイテトス）の生れつきについて見当違いはしておられん

のだよ。なぜなら、実にその驚き（*thaumazein*）の情こそ、知恵を愛し求める者の情なのだからね。つまり、求知（哲学）の始まりは、これよりほかにはないのだ。だからまた、天界の使者イリス（虹）をタウマス（*Thaumas*）の子だと言ったかの人（＝ヘーシオドス）も、見たところへたな系譜家ではないようだということになる。

（一五五D〈『テアイテトス』〔田中美知太郎訳、『プラトン全集2』〔岩波書店〕所収〕二二〇頁〉）

プラトンによれば、驚きは、哲学に固有の感情であり、哲学の端緒に位置を占めるものであるばかりではなく、哲学の目標は、驚きに求められねばなりません。なぜなら、哲学は、何らかの事柄を驚きとともに受け止めることに始まり、事柄の真相を驚きとともに把握することに終るもの、プラトンの術語を使うなら、「イデア」を観照することにより惹き起こされる驚嘆に終るものでなければならないからです。

プラトンは、『饗宴』において、ソクラテスの口を借り、「ディオティーマ」に次のように語らせます。

『さて、いろいろの美を順序を追って正しく観ながら、恋の道をここまで教え導かれて来た者は、今やその恋の道の窮極目標に面して、突如として、本性驚歎すべき(*thaumaston*)ある美を観得することでしょう。これこそ、ソクラテスよ、じつにそれまでの全努力の目的となっているところのかのものなのです。すなわち、それはまず第一に、永遠に存在して生成も消滅もせず、増大も減少もしないものです。……』
(二一〇E〈『饗宴』〔鈴木照雄訳、『プラトン全集　5』〔岩波書店〕所収〕九六頁〉)

右に引用した『テアイテトス』の一節と『饗宴』の一節を眺めることにより、驚きが哲学的な高度に認知的な感情と見做されていたことがわかります。

ギリシア人にとり、驚きは、哲学を自然に連想させるものでした。ギリシア語で「驚き」を意味する名詞 *thauma* が、哲学的な意味における「観照」を意味する名詞 *theoria* と語源を共有しているからです。驚くことは、哲学的に眺めやること、事柄の真相を把握することとその都度あらかじめ一体のものとして受け止められていたのです。

## †二種類の驚き――「びっくり」と「驚嘆」

日本語には「驚き」という名詞があり、私たちは、日常的なコミュニケーションの場面において、大きく分けて二つの心的現象をこの言葉で指し示します。一つは、「非認知的」と名づけることができるような驚き、もう一つは、「認知的」な驚きです。前者の驚きは、「びっくり」に相当します。道を歩いているとき、後ろから音もなく近づいてきた電気自動車がクラクションを急に鳴らせば、私は驚きます。これが「びっくり」としての驚きです。この意味における「驚き」に対応する表現を英語の語彙の中から捜すなら、surpriseという名詞を見出すことができるでしょう。

しかし、「びっくり」としての驚きは、驚きの原因となったものの本質を表現しているわけではなく、むしろ、驚きの原因に関する無知の反映であると考えるのが自然です。これに反し、後者の驚きは、「驚嘆」としての驚きです。英語なら、wonder、admirationなどの名詞が指し示すものがこの感情に当たるでしょう。これは、対象に具わる何らかのすばらしい本質を肯定的な仕方で表現するものであり、この素晴らしさが私たちに与えるショックとして理解することができます。

これら二種類の驚きのうち、ここで話題になっているのは、後者、つまり、「驚嘆」としての驚きです。そもそも、多くの哲学者は、驚嘆から区別された単なる「びっくり」を感情と見做しません。

### †驚きとともに世界は真の姿を現す

驚きをめぐるプラトンの言葉に関し何よりも重要なのは、驚きを特別な「哲学的」な感情と見做すべき理由をめぐる説明です。驚嘆としての驚きがすべての感情の中で特権的な位置を与えられている理由はただ一つ、それは、驚きがつねに真であることを措いて他にはありません。これが、驚きをめぐるプラトンの見解です。

真理以外の何ものかが驚きを心に惹き起こすことはなく、したがって、心に驚きが生れるとき、この感情は、必ず正しい方向を指し示しているのであり、この感情を体験することにより、私たちは、この世界の真の姿に触れているのです。換言すれば、驚きとともに、世界の真の姿が善なるものとして、また、『饗宴』の一節が示すように、美でもあるようなものとして姿を現します。世界の真の姿は、驚きとして与えられるのです。言い換えるなら、驚きは、みずからが事柄の真相を把握したことのサインであり、真理の記号であり標識であることになります。

驚きは、「真である」という述語とさしあたり一体をなすものであり、真理と価値をめぐるプラトンの立場に従うなら、私を含む対象が「善である」という判断と不可分であるばかりではなく、さらに、右に引用した『饗宴』の一節が示すように、対象に関し、これが「美である」ことを私に告げるものとしても受け取られねばなりません。プラトンの見解を大雑把に表現するなら、私たちは、何かに驚きを覚えるとき、みずからの真の姿、私たちが属しているこの世界の真の姿を直観的に把握するとともに、私たち一人ひとりが何をなすべきかを知ることになります。

## †神が「驚き」をもたらす――プロティノスの感情論

驚きと真理の関係をめぐるプラトンの立場は、紀元後三世紀の哲学者プロティノスに代表される「新プラトン主義」へと受け継がれ、今度は、驚きは、純粋に神的な感情として規定されます。プロティノスによれば、存在するものの全体は、上から順に「一者」「知性」「心」「自然」「質料」という五つの階層に分たれ、一者以外のすべてのものは、一者から順に派生(=流出)したものと見做されねばなりません。しかし、それとともに、これらすべては、一者へと、つまり、根源的な完全なものへと上昇し還帰する運動を本質とするものであることをプロティノスは主張します。存在するもの全体のうちに往還を認めるこのような宇宙観は、一般に「流出説」と呼ばれています。

プロティノスに従うなら、人間は、「心」を具えた存在としてこの階層の内部に位置を占めています。上の階層に当たる「知性」へ、そして、さらにその上の「一者」へと完全性を求めて還帰する努力のうちに人間の本質を見出すことが可能となります。

プロティノスは、「美について」という表題を持つ文章において、人間が驚きを経験するのが、万物の根源である「一者」の美に出会うときであると言います。

……このような美を見るには、人はそれを眺める魂の能力によって見なければならないのである。……美しいものなら何であれ、それに関われば、驚き（*thambos*）、甘き恍惚、憧憬、愛、快き戦慄など、そういう感情が間違いなく生ずる。見えざる美に関しても、魂は、そういう感情を経験することができる。……（「美について」〈『エンネアデス』I-6〉第四章〈『美について』〔斎藤忍随、左近司祥子訳、講談社学術文庫〕七二ページ以下〉）

プロティノスの場合、美は、一者に固有の属性の一つとして重要な位置を与えられます。

というのも、プロティノスによれば、「美」(*kalos*)は、私たちを「呼ぶ」(*kalein*)ものだからです。現代のギリシア語学は、「美」と「呼ぶ」のあいだには語源上の接点はなく、両者が綴りの最初の三文字を共有しているにすぎないことを明らかにしています。しかし、このような事実には関係なく、「美」を「呼ぶ」ものと見做すプロティノスの立場は、古代世界を超え、ルネサンス以降の神秘主義へと引き継がれて行くことになります(この点については、渡邊二郎『美と詩の哲学』〈放送大学教育振興会〔『渡邊二郎著作集10 芸術と美』〔筑摩書房〕所収〕〉の第三、五、六章を参照のこと)。

## †驚きは探究を促す——アリストテレスの感情論

もちろん、驚きに認められるのは、プラトンやプロティノスが想定したような現実離れした性質ばかりではありません。驚きに対し、もう少し世俗的、人間的な意義を見出すことは不可能ではなく、実際、たとえば、アリストテレスは、『形而上学』において、次のように語っています。

ところで、この知恵(=哲学)は制作的ではない。このことは、かつて最初に知恵を愛求した人々のことからみても明らかである。けだし、驚異すること（*thauma*）によって人間は、今日でもそうであるがあの最初の場合にもあのように、知恵を愛求し〔哲学し〕始めたのである。ただしその初めには、ごく身近の不思議な事柄に驚異の念をいだき、それからしだいに少しずつ進んで遙かに大きな事象についても疑念をいだく（*diaporein*）ようになったのである。たとえば、月の受ける諸相だの太陽や星の諸態だのについて、あるいはまた全宇宙の生成について。ところで、このように疑念をいだき（*aporein*）驚異を感じる（*thaumazein*）者は自分を無知な者だと考える。それゆえに、神話の愛好者もまた或る意味では知恵の愛求者〔哲学者〕である。というのは、神話が驚異さるべき不思議なことどもからなっているからである。したがって、まさにただその無知から脱却せんがために知恵を愛求したのであるから、かれらがこうした認識を追求したのは、明らかに、ただひたすら知らんがためにであって、なんらの効用のためにでもなかった。（982b11〈『形而上学』〔出隆訳、『アリストテレス全集 12』〔岩波書店〕所収〕一〇頁〉）

前に述べたように、現代の日本語の「驚き」が指し示す範囲は、大きく二つに分たれます。一つは、「びっくり」としての驚きであり、もう一つは、「驚嘆」としての驚きでした。また、哲学において主に主題的に取り上げられるのは、後者、つまり驚嘆の方であることも説明しました。

しかし、右に引用した『形而上学』の一節は、驚嘆としての驚きがさらに二つに区分されることを教えます。すなわち、右の一節においてアリストテレスが言及するのは、探究を促すものとしての驚きです。たしかに、「ごく身近の不思議な事柄」「遥かに大きな事象」「たとえば、月の受ける諸相」「太陽や星の諸態」「全宇宙の生成など」が与える感情を驚嘆の一種と見倣すことができないわけではありません。しかし、これは、前に引用した『饗宴』の一節においてプラトンが語り、プラトンをうけてプロティノスが確認した感情、つまり、真理（＝事柄の真相）を把握するときに私たちの心に惹き起こされる感情とは微妙に異なると考えるのが自然であるように思われます。

## †不可知の自覚としての「驚き」——中世の感情論

実際、中世の神学者たちが「驚き」という言葉によって理解したのは、プラトンやプロティノスが雄弁に語った神的な感情ではなく、むしろ、アリストテレスにより記述された人間的な感情でした。もちろん、たとえばアルベルトゥス・マグヌス（一一九三ころ～一二八〇年）は、この人間的な感情が信仰への道を拓くものであることを主張します。トマス・アクィナス（一二二五ころ～一二七四年）は、真理の把握への希望を与えることにより悦びや快楽を与えるものとしてこれを理解します。驚きは、あくまでも人間的、世俗的な感情として把握されるようになります。彼の主著に当たる『神学大全』には、次のような記述が見出されます。

……かくしてだから、果を知り、かつそれが因を持つことを知るにいたってこんどはさらに因そのものについて、それの何たるかを知ろうとする希求が人間には自然本性的に残るのである。こうした希求は驚き（admiratio）からくるものであり、驚きこそが、〔アリストテレスの〕『形而上学』のはじめにいうごとく探究の因となるのである。たとえば、ひとが日蝕を知れば、これが何らかの因から生ずるものなることは考えても、その因の何たるかは、これを知らないがゆえに驚き（admirare）、驚くことによって探究する。そしてこうした探究は、因の本質を認識するにいたるまでやむことがないのである。（二－一部第三問題第八項〈『神学大全　第9冊』〔高田三郎、村上武

子訳、創文社〕八八頁〉）

神学者たちは、このような意味における驚きがプラトンやプロティノスの場合とは反対に、みずからが事柄の本質をいまだ認識してはいない状態にあることの自覚、あるいは、権利上これを認識することができない状態にあることの自覚と一体のものと見做します。中世哲学では、驚きが恐怖の一種に分類されることが少なくありませんが、それは、驚きが無知あるいは不可知の自覚を必然的にともなうものであるかぎり、自然なことであるに違いありません。

## †近世の感情論――驚きを特別視しなくなる

中世以後、驚きは、神的な真理との出会いが惹き起こす（プラトン的な）驚嘆の感情から、神的な真理を予感させるものとの出会いから生れる感情へ、本質的に人間的な（アリストテレス的な）不思議の感情へとみずからの重心を移します。右に引用した一節におけるトマスの発言が示すように、早くも中世には、驚きの感情は、何か神的なものの顕現を告げるサイン、真理のサインとしての地位から滑り落ち、人間的、世俗的な文脈において新たな意味を与えられるようになります。

　実際、一六世紀以降、哲学者たちが驚きを主題的に取り上げる機会は、急に少なくなって行きます。もちろん、たとえば、ベーコン（一五六一～一六二六年）（『学問の進歩』〈一六〇五年〉）ホッブズ（一五八八～一六七九年）（『人間論』〈一六五八年〉）、ロック（一六三二～一七〇四年）（『人間知性論』〈一六八九年〉）の著作には、驚きへの短い言及を見出すことができます。しかし、驚きと真理の関係が彼らの注意を惹きつけたようには見えません。少なくとも、彼らが驚きを特別なものと見做してはいなかったこと、プラトン、アリストテレス、プロティノスなどが驚きに認めていた作用が近代にはあまり重要視されなくなっていたことはわかります。

　ところが、右に名を挙げた哲学者たちの時代には歴史的な使命を終えていたように見える驚きの概念は、一七世紀の半ば、一人の哲学者によって大々的に取り上げられ、感情の意味を明らかにする試みの歴史を新たな段階へと移行させる役割を担うことになります。この役割を担ったのは、デカルトです。しかし、デカルトと驚きの感情との組み合わせは、多くの人の心に意外な感じを惹き起こすに違いありません。

## †デカルト――懐疑か驚きか

デカルトの「コギト」(cogito)(=「われおもう、ゆえにわれあり」)は、「方法的懐疑」という思考実験の帰結として導き出された洞察です。疑う作業、あるいは少なくとも、疑うふりをする作業は、デカルト以降、確実な真理に到達するための不可欠の手段と認められてきました。哲学の端緒を懐疑に求めるデカルトは、「哲学は驚きから始まる」という格言的な表現を産み出した古代の哲学の対蹠者としての位置を与えられるのが普通です。

ただ、この問題をめぐるデカルトの立場は、決して単純ではありません。たしかに、デカルトは、『方法序説』や『省察』などにおいて懐疑の意義を強調します。デカルトによれば、世界が私たちに見えている通りのものではないかも知れぬと考える能力、つまり、不思議を認める能力は、万人に公平に配分されているものであり、この能力に正しく導かれているかぎり、探究は、「コギト」に辿りつき、さらに、世界の真理を明らかにすることになるはずです。「懐疑」をキーワードとすることにより、デカルトの思想をこのように要約することは、不可能でもなく、不自然でもないように思われます。

ところが、懐疑に対し特権的な位置を与えることで哲学史に名を遺したデカルト、「懐疑の哲学者」と名づけることができるデカルトには、もう一つの顔、つまり、「驚きの哲学者」としての顔を認めることが可能です。真理の把握における懐疑の役割を強調するのが表のデカルトであるとするなら、裏のデカルトは、驚きに対し特別な位置を与え、これを哲学的な意味における他者（＝他なるもの）との出会いのサインとして理解する哲学者であると言うことができます。彼のこの裏の顔は、晩年の小品『情念論』において表現を与えられています。

『情念論』が公刊されたのは、一六四九年秋のことです。デカルトは、翌年、一六五〇年二月、滞在中のストックホルムで世を去ります。スウェーデンのクリスティナ女王（一六二六〜一六八九年）の宮廷に招かれたデカルトは、冬の早朝に女王への講義を求められたため体調を崩し、そのせいで肺炎に罹り急逝したと伝えられています。デカルトは、朝早く起きるのが苦手なことで有名でした。一般に伝えられている右のような事情が事実であるかどうかはわかりませんが、デカルトが急逝したため、結果として、『情念論』が彼の最後の著作となったことは確かです。

『情念論』は、もともと、精神と身体のあいだの相互作用に関しボヘミアの王女エリーザベト（一六一八〜一六八〇年）がデカルトに投げかけた問（この点については、『デカルト＝

エリザベト往復書簡』〈山田弘明訳、講談社学術文庫〉を参照のこと）に答えることを目標として執筆され、公刊されたものです。精神と身体の関係をめぐるデカルトの見解は、哲学において一般に「心身問題」と呼ばれるトピックの出発点をなすものであり、のちの時代に大きな影響を与えます。ただ、前に少しだけ触れたように、この問題は、デカルト自身にとっては重要な位置を占めるものではなかったと普通には考えられており、したがって、「情念」（passion）の問題の解明にデカルト自身が認めていた意義もまた、大きくはなかったと想像することができないわけではありません。（デカルトが「情念」と名づけるのは、私たちが「感情」という言葉によって理解しているものと同じです。「情念」という言葉が選ばれたことの背景は、のちに説明します〔一八五頁を参照のこと〕。）

それでも、彼自身の思惑と自己評価は今は措き、感情の意味をめぐる哲学史を現在から振り返るなら、『情念論』においてデカルトが語った言葉には、ある特別な意義が認められねばなりません。というのも、この著作において、デカルトは、すべての感情の中で驚きが担う役割、すなわち、驚きが時間的な順序において最初に生れる感情であり、さらに、もっとも普遍的な感情でもあること、これがいわば「感情そのもの」であることを強調しているからです。デカルトとともに、「感情とは何か」という問に答を与える試みは、新しい段階へと完全に移行することになります。

## †「感情そのもの」とは何か？——アウグスティヌスの「愛」

哲学者たちにより「感情そのもの」として選ばれるものは、決して同じではありません。たとえば、哲学史を遡ることにより、私たちは、ただ一つの「感情そのもの」のようなものを想定する最初の試みをアウグスティヌス（三五四〜四三〇年）の手になるもののうちに見出します。アウグスティヌスの場合、「感情そのもの」として選ばれたのは「愛」です（『神の国』第一四巻第九節）。ラテン語には、日本語の名詞「愛」、そして、愛を意味する西洋近代各国語の名詞に正確に対応する言葉がありません。その代りに、ラテン語は、caritas（神への愛）、amor（世俗的な愛）、dilectio（隣人愛）の三つの言葉を持っています。

平均的な日本人が日常的なコミュニケーションにおいて「愛」という言葉を使う機会は、必ずしも多くはありません。また、「愛」という言葉が使われるときには、世俗的な意味における親密な対人関係の紐帯となる態度を指し示すために用いられるのが普通です。これに反し、キリスト教以後のヨーロッパでは、修飾語をともなわない「愛」という言葉が意味するのは、何よりもまず神への愛であり、「愛」の名に本当に値するのは神への愛だけであると伝統的に認められてきました。

アウグスティヌス自身は、世俗的な愛や隣人愛を肯定的に評価する言葉を遺しており、この点において、彼以後の多くの中世の神学者たちとは立場をいくらか異にしています。ハンナ・アーレントの最初の著作『アウグスティヌスにおける愛の概念』（一九二八年）は、ヤスパース（一八八三～一九六九年）、ハイデガー、ブルトマン（一八八四～一九七六年）の影響のもとで、アウグスティヌスの著作に散見する愛の概念への言及をもとに愛の規定を現象学的に再構成する試みであり、全体として「隣人愛」に特別な位置が与えられていきます。後年のアーレントが『人間の条件』（一九五八年）『精神の生活』（一九七八年）などにおいて公的領域における政治的な合意形成を人間に固有の「活動」として強調するようになることを考えるなら、これは、当然の解釈であると言うことができます。ただ、アーレントのこのような解釈が成立するのは、アウグスティヌス自身が隣人愛の意義を積極的に認めているからに他なりません。

もちろん、アウグスティヌスは、「感情とは何か」という問に包括的な仕方で答を与えることを目指していたわけではありません。彼以前のストア主義者たち、あるいは、一七世紀以降の哲学者たちとは異なり、感情の組織的な分類が試みられたわけでもありません。

神への愛に特別な位置を与えるアウグスティヌスの言葉を感情の意味をめぐる発言として受け取ることは、必ずしも自然ではないでしょう。

ただ、具体的な感情のすべてをただ一つの「感情そのもの」の派生形態として理解する試みは、アウグスティヌスの影響のもとで、のちの時代に繰り返し姿を現します。『情念論』におけるデカルトの試みにアウグスティヌスの間接的な影響を見出すことは、自然ではないとしても、不可能というわけでもないように思われます。

## †デカルトによる情念の分類

『情念論』という著作は、三つの部分から構成されています。第一部では、情念が産み出される生理学的なメカニズムが主に心身問題の観点から記述されます。この著作をエリーザベトの質問に対する回答として読むなら、この第一部がもっとも重要な部分と見做されねばならないでしょう。

次に、第二部では、第一部をうけて感情の分類が試みられます。デカルトは、すべての情念から「驚き」「愛」「憎しみ」「欲望」「悦び」「悲しみ」の六つを「基本的情念」(passion primitive) として選び出し、これら以外の「特殊情念」(passion paritculière) との対比において、これら六つに特別な位置を与えます。

しかも、この第二部において、さらに、次の第三部において、デカルトは、一つの新しい観点を導入し、この分類の観点に対し「順序」（ordre）の名を与えます。「順序」（または「秩序」）は、デカルト哲学全体のキーワードの一つであり、単なる「順番」を超えた独特の意味を与えられています。しかし、今はこの点には立ち入らず、情念の分類と驚きの占める位置を明らかにすることに目標を限定し、「順序」の意味について説明します。

いくつかの情念を特別なものとして選び出し、これを手がかりに無数の情念を分類するデカルトの試みは、それ自体としては、ストア主義に由来するもの（一二二頁以下を参照のこと）であり、彼に固有のものではありません。ただ、デカルトは、同じような試みに携わった彼以前の哲学者たち、そして、彼以後の哲学者たちとは異なり、情念ないし感情のあいだに序列を設定します。

デカルト以外の哲学者たちの場合、情念ないし感情は、表面的にはすべて等価なものとして扱われてきました。基本的、根源的なものと派生的、複合的なもののあいだの区別を除けば、情念ないし感情のそれぞれのあいだに認められるのは性質と強度の差異だけであり、そのせいで、哲学者たちによる感情の分類の試みは、これを眺める者の目に、これもまた表面的には、陰影を欠いた退屈なものと映ることになったのです。

これに対し、デカルトは、彼が具体的に拾い上げるすべての情念を一つの必然的な「順序」にもとづいて排列します。つまり、六つの基本的情念のあいだにもまた、「順序」が認められねばなりません。デカルトに従うなら、「驚き」「愛」「憎しみ」「欲望」「悦び」「悲しみ」という枚挙の順序には理由があり、この順序は、変更不可能です。

そして、デカルトの設定するこの「順序」こそ、彼に固有の新しい要素であり、また、情念を一つの「順序」の光学のもとで眺めることにより、情念のあいだの関係にもまた、独自の方向からの照明が当てられることになります。デカルト自身、このような枚挙に「順序」を設定した点にみずからの情念論の特徴があることを認めています。

デカルトが情念のあいだに設定した順序には、二つの側面があります。すなわち、ⓐ類種（の上下）関係とⓑ発生的な先後関係です。『情念論』において、デカルトは、これら二つを重ね合わせ、感情の類種関係と発生的な先後関係が一致すると理解します。さらに、この二重の順序には、根源的で単純な「基本的情念」と、派生的で複合的な「特殊情念」という分類方式が重ね合わせられます。デカルトによる情念の見取り図には、少なくとも三つの層を区別することができます。

## †感情を発生的に腑分けしたデカルト

デカルトは、『情念論』第二部において、みずからが主な情念と見做す四〇の感情を一五のグループに区分しながら一覧として排列します。デカルトによれば、情念のあいだには、次のようなグループと順序が認められます。すなわち、①「驚き」、②「重視」「軽視」「高邁」「高慢」「謙虚」「卑下」、③「尊敬」「軽蔑」、④「愛」「憎しみ」、⑤「欲望」、⑥「希望」「危惧」「執着」「安心」「絶望」、⑦「不決断」「勇気」「大胆」「競争心」「臆病」「恐怖」、⑧「良心の不安」、⑨「悦び」「悲しみ」、⑩「嘲り」「羨み」「憐れみ」、⑪「自己満足」「後悔」、⑫「好意」「感謝」、⑬「憤り」「怒り」、⑭「誇り」「恥」、⑮「嫌気」「心残り」「嬉しさ」。デカルトは、この枚挙について次のように言います。

> 情念を枚挙するのに最良と思われる順序は、以上のとおりである。私は、この点で自分が、これまで情念について書いたすべての人々の意見から隔たっていることをよく知っている。……（六八節、『情念論』〈『増補版 デカルト著作集 3』花田圭介訳、白水社〉所収、一九九頁）

この順序のうちにデカルトが認めた必然性というのは、さしあたり次のようなものです。デカルトは、情念には、発生に関し決まった順番、つまり先後関係があると考えます。感情Aと感情Bのあいだには、AがBに必ず先行し、BがAよりも先に惹き起こされることはないという原則が見出されるとデカルトは考えていたことになります。

たとえば、何らかの対象との最初の出会いは、「驚き」(右の一覧の①)を心に惹き起こします。続いて、対象が「大きい」ものである場合には「重視」(②)の感情が続くとともに、この「大きい」対象と比較して自分が「小さい」ことに気づくとき、「謙虚」や「卑下」の感情が心に生れます。さらに、「重視」の対象が自由な意志にもとづいて善をなしうることを理解すると、この対象への「尊敬」(③)が惹き起こされ、しかも、対象のなしうる善が私たちにとって都合のよいものである場合、「愛」(④)の感情が生れ、さらに、この都合のよい善を追求する「欲望」(⑤)がこれに続く……、デカルトはこのように説明しています。感情の継起を一つのドラマのように発生的に記述するこのアイディアは、デカルトに固有のものです。

†「驚き」に第一の位置を授けたデカルト

そして、デカルトが情念のあいだに設定したこの順序を眺めることにより、ただちに明らかになることがあります。それは、「驚き」(admiration)に第一の位置が与えられている点です。なぜ驚きに第一の位置が与えられねばならないのか。この点に関し、デカルトは、『情念論』第二部の冒頭において、次のように語ります。

或る対象との最初の出会いがわれわれの意表をつき、われわれがそれを新しいと判断するとき、すなわち、それ以前に知っていたもの、あるいはかくあるべしと想定していたものとは非常に異なると判断するとき、われわれはその対象に驚きを感じ(admirer)、愕然とする(étonné)。ところで、このことは、その対象がわれわれに適した都合のいいものなのか、わるいものなのかまったくわからないうちに起こりうるのであるから、「驚き」はあらゆる情念のうち最初のものであるように思われる(il me semble que l'admiration est la première de toutes les passions)。また、「驚き」には反対の情念がない。なぜなら、現われた対象のなかにわれわれの意表をつく何ものもないときには、それによってわれわれはまったく動かされず、情念なしにそれを眺めるだろうからである。（五三節、前掲書、一九四頁）

私たちの意識に何かが初めて姿を現すとき、この「新しいもの」によって惹き起こされる情念が驚きであるとデカルトは理解します。形式的に考えるなら、すべての新しい事柄は、意識に最初に現れるときには、驚きとともに受け取られるのであり、したがって、デカルトの見解を前提とするなら、意識に姿を現したものが「新しい」こと、他者であることを示すサインであり、驚きを除くすべての情念は、私たちの心にあらかじめ驚きを惹き起こしたものに向けられると見做されねばならないことになります。

## †「驚き」はすべての感情の根源にある――デカルトの「驚き一元論」

デカルトにとり、右で説明した情念の順序は、時間的な先後関係にとどまるものではありません。これは、何よりもまず類種関係として、つまり、普遍と特殊の関係として受け取られねばならないとデカルトは理解します。言い換えるなら、時間的に先に発生するものは普遍的であり、これに続くものには、特殊的なものという位置が与えられます。デカルトの見解にもとづき形式的に考えるなら、あらゆる経験の前提となり、すべてに先立って意識に姿を現す情念は、もっとも普遍的な情念でもあることにならざるをえません。『情念論』第三部において、デカルトは、「重視」と「軽視」を驚きの「種」と規定し、さらに、重視と軽視の下に「高邁」「高慢」「謙虚」「卑下」が位置を与えます。同じ理由により、九三ページに掲げた一覧のうち、順番の早いグループほど普遍的であり、順番の遅いグループほど特殊的なものと考えねばならないことになります。

デカルトのこのような理解が妥当なものであるとするなら、私たちは、ここから、つの結論へと否応なく導かれます。デカルトが情念のあいだに見出した順序が時間的な先後関係であるばかりではなく、類種にもとづく上下関係の表現でもあるかぎり、驚きは、具体的な経験の一つひとつに輪廓を与える最初の感情であるとともに、すべての感情の根源、もっとも普遍的な感情と見做されねばならないこと、したがって、驚きを除くすべての情念は、驚きの「種」、つまり、驚きの特殊な形態として理解されねばなりません。

すべての感情は、驚きの性格を共有しています。したがって、私が何らかの感情を体験するとき、この体験は、驚きをその都度あらかじめ契機として含んでいます。たとえば、私が怒るとき、憎むとき、悲しむとき、悦ぶとき、これらの感情はいずれも、それぞれ異なる仕方における驚きとして理解されねばなりません。「悲しみ」の名のもとで私たちに馴染みのある感情の正体は、「『悲しみ』として意識に現れた『驚き』」であることになります。デカルトによれば、感情とは本質的に驚きであり、感情の意味は驚きに即して明らかにされねばならないものなのです。

それにもかかわらず、この情念は、印象が奇襲して、すなわち突然思いがけなく出現して、精気の運動を変えるがゆえに、やはり大きな力を持っている。そしてこのような奇襲が、この情念に固有な特有なものである。この急にひとを襲うという性格は通常ほとんどすべての情念のうちに見いだされ、それらの情念を強めるものになっているが、そのように見いだされる場合には、それらの情念に「驚き」が加わっているわけである。……（七二節、前掲書、二〇〇頁）

感情が感情として把握されるかぎり、ここには共通の性格が認められねばならないこと、そして、すべての感情が共有する性格は、驚きのうちにもっとも明瞭な形で認められること、これがデカルトの理解でした。しかしながら、残念なことに、この試みは、驚きと他の感情とのあいだの関係を形式的に記述するものにとどまるものであり、驚きが私たちに運んでくるものの正体を明らかにしてはくれません。本質を驚きと共有する感情、そして、驚きの種としての感情が開示する真理に関し、デカルトは、意味のあることを何も語ってはいないのです。

## †デカルトからマルブランシュへ――神のうちに見ること

すべての感情をただ一つの感情へと収束させる可能性は、アウグスティヌスにとっては、アイディアにとどまるものでした。デカルトの『情念論』は、ただ一つの特別な感情を驚きに求め、すべての感情に対し驚きの種の位置を与えることにより、このアイディアを具体的な感情の地図へと写し取る試みであったと考えることができます。

しかし、このような試みは、それ自体としてはまだ、感情が私たちの生活において担う役割を明らかにするものではありませんでした。感情の意味をこのような観点から明らかにする試みが姿を現すのは、デカルトの次の世代です。マルブランシュは、デカルトの成果を継承しながら、感情の意味を明らかにする試みをさらに新しい段階へと引き上げた存在として、哲学史において無視することのできない位置を占めています。

ニコラ・マルブランシュは、デカルトよりも一世代あとに登場したフランスの哲学者です。彼は、設立されたばかりの新しい修道会であるオラトリオ会の修道士でもありました。オラトリオ会は、アウグスティヌスの思想の強い影響のもとに生れた修道会であり、マルブランシュ自身もまた、アウグスティヌスに対する強い共感を明らかにしています。

高等学校の「倫理」では、マルブランシュは、「機会原因論」(occasionalisme)の哲学者として紹介されるのが普通です。ただ、哲学史において占める重要な位置に反し、わが国におけるマルブランシュの一般的な知名度は必ずしも高くはなく、そのため、哲学の研究者でないかぎり、「機会原因論」以上のことをマルブランシュについて知る人は決して多くはないはずです。

たしかに、マルブランシュの著作は、デカルトの『方法序説』『省察』、これまで取り上げてきた『情念論』などのように、一七世紀という時代の思想史的な文脈に関する知識を前提とすることなく理解できるようなものではありません。また、マルブランシュの生涯の大半は、修道士としての生活によって占められており、そのため、同時代を生きたスピノザ、パスカル、ホッブズ、ロックなどの人生に認められるような波乱には乏しく、この意味では退屈であると言うことができます。それでも、彼がのちの時代の哲学に与えた影響は決して小さなものではなく、この点を考慮するなら、もう少し光が当てられるべき存在であるように思われます。

機会原因論とは、すべての出来事の本当の原因は神のうちにあり、私たちの目に原因と映るものは、「機会原因」(cause occasionnelle)にすぎないことを主張する立場です。水平な面の上を等速直線運動するボールAが静止しているボールBにぶつかり、この静止していたボールBが転がり始めるとします。このとき、静止していたボールBが転がり始めたのは、ボールAが衝突したからであると普通には受け止められます。しかし、マルブランシュによれば、ボールAの衝突は、ボールBが転がり始めたことの本当の原因ではなく、機会原因、つまりきっかけにすぎません。衝突という機会原因に目をとめ、神がボールBをみずから動かすことにより、ボールBは初めて転がり始めるとマルブランシュは理解します。これが、機会原因論についての一般的な説明です。

マルブランシュが当時としてはながい生涯のあいだに語ったことは、機会原因論に尽きるものではありません。神学にきわめて近いテーマから物理学的なトピックまで、マルブランシュの手になるものには、一七世紀という時代に哲学に属すると考えられていた領域のほぼすべての問題への言及を認めることが可能です。彼の哲学を「機会原因論の哲学」

と考えるなら、これは、マルブランシュの思想を矮小化することになってしまうでしょう。

ただ、機会原因論がマルブランシュに固有のものの見方をよく示すものであることは、それ自体としては確かです。あらゆるものの明晰で判明な観念を「神のうちに見ること」(vision en Dieu) は、何について語る場合にも姿を現すマルブランシュの基本的な態度であり、当然、感情の意味を問う場面においても、この構図は、繰り返し姿を現します。

もちろん、右で説明した機会原因論は、荒唐無稽であるように見えます。というのも、これが妥当なものであるなら、すべての出来事は、神の介入がなければ成立しないことになってしまうからです。ボールAがボールBに衝突しても、神が手を伸ばしてBを転がさなければ、AとBは、接触したまま静止した状態にとどまります。これは、素朴な直観に鋭く対立する見方であるに違いありません。神が地上で起こっているすべてのことを防犯カメラのように休むことなく監視し、二つの事柄を結びつける必要が生じると、警備員のように現場に駆けつけて介入する……、このような神が「神」の名に値するのか、私たちは、この点について疑問を抱かざるをえないでしょう。実際、マルブランシュと同時代の哲学者ライプニッツ(一六四六〜一七一六年)は、この点を指摘してマルブランシュを批判しています。たしかに、ライプニッツの神は、マルブランシュの神とは異なり、天地創造のときにすべてを最善のものとして設計し、その後は、地上の出来事には介入しません。

### †マルブランシュの感情論——「悦び」一元論

マルブランシュは、一六七四年から翌年にかけて、『真理の探求について』(*De la recherche de la vérité*)という表題を持つ著作を公刊します。これは、マルブランシュの最初の著作であり、第一巻から第六巻までの本体に、後年の改訂にあたり加えられた「真理の探求に関する解明」という表題の補遺を加えた全部で七つの部分からなる、あわせて一〇〇〇ページを超える大著です。そして、「情念」、つまり感情の問題は、この著作の第五巻において主題的に取り上げられています。

この大著のテーマを一言で無理やり表現するなら、「人間はいかに簡単に誤りを犯すか」となります。この著作には、「人間の精神の本性と、諸学において誤謬を避けるためになされるべき精神の使用をテーマとする」という非常にながい副題が与えられており、この副題は、マルブランシュの関心が「誤謬」や「虚偽」にあることを間接的に示しています。『真理の探求について』を全体として「誤謬論」「虚偽論」として読むことは、不可能ではないはずです。

著作全体を貫通する「人間はいかに簡単に誤りを犯すか」というテーマを前提とするかぎり、マルブランシュが情念を「理性の敵」として規定していると予想することが可能です。たしかに、この予想は、完全に間違いというわけではありません。

ただ、これ以上に重要なことは、『真理の探求について』において、マルブランシュが「驚き」に代えて「悦び」(joie)を特別な感情に指定した点です。

もちろん、驚きは、マルブランシュにとり、それなりに重要な意味を持つ情念であり、実際、『真理の探求について』では、多くの文字数が驚きの説明に費やされています。さらに、『真理の探求について』には、アウグスティヌスに倣い(八八頁以下を参照のこと)、「愛」に特別な役割を認める試みも見出すことができます。マルブランシュがオラトリオ会の修道士であったこと、オラトリオ会がアウグスティヌスの強い影響のもとで設立された修道会であることは、前に述べたとおりです。

ただ、マルブランシュの場合、驚きは、情念が情念であるための要素のいくつかを欠いた「不完全な情念」にすぎません。マルブランシュにおいてもっとも重要な情念は、やはり「悦び」であり、デカルトの立場を「驚き一元論」と名づけるなら、マルブランシュが試みたのは、「悦び一元論」と呼ぶことのできるようなものであったことになります。

結論を先に明らかにしておくなら、デカルトにとり、すべての感情が驚きへと収束すべきものであったのと同じように、マルブランシュにとり、すべての感情は、本質的に悦びとして、楽しいものとして受け取られねばなりません。マルブランシュは、感情の体験について、これを神の自分自身への愛の混乱した追想として把握することにより、情念というものが、心身の統一された個体としての私と世界とのあいだの関係が適切な状態にあることを告げるサインであることを強調します。

マルブランシュに従うかぎり、情念とは、私の自己了解のための手がかりであるとともに、身体を媒介として私が帰属している世界の真相を露呈させるものでもあります。大雑把に表現するなら、情念の本質が悦びとして把握されなければならないのは――これが、最終的には、さらに高度な知性の悦びによって乗り越えられるべきものであるとしても――これが私と世界とのあいだの関係についての「納得」の感情であるからに他なりません。

## †「悦び」は対象との関係が適切であることを示すサイン

さて、マルブランシュは、情念の成立には、七つの要素が必要であると語ります。念のため、全部を挙げておくと、①対象と精神のあいだの関係をめぐる何らかの判断、②意志の傾向性、あるいは、対象への肯定的な注意、③「愛」「嫌悪」「欲望」「悦び」「悲しみ」という五つの情念に附随する「感得」(sentiment)、④動物精気と血液の流れによる身体の変化、⑤身体に惹き起こされた変化についての感じ、⑥右に挙げた五つの情念に附随し、しかも、身体に由来する新たな「感得」、そして、⑦すべての情念に共通する「悦び」(joie)の感得または「内的な楽しさ」(douceur intérieure)の感得の七つです。マルブランシュは、この最後の「悦び」または「内的な楽しさ」について次のように語ります。

七番目は、ある悦びの感得、あるいはむしろ、内的な楽しさの感得であり、これは、心をその情念のうちにとどめ、そして、心が観察している対象との関係においてちょうどよいという状態にあることを心に向かって証言するのである。すべての情念、つまり、善を見ることから生れる情念も、悪を見ることから生れる情念も、悦びも悲しみも、一般にこの内的な楽しさをともなっている。この内的な楽しさのおかげで、私たちのすべての情念は私たちにとって快いものとなり、また、この内的な楽しさに促されて、私たちは、情念に同意し、情念に身を委ねるのである。……(第五巻第三章)

マルブランシュに従うなら、①権利上すべての情念は悦び――厳密には、内的な楽しさの「感得」を帯びるもの――であり、②また、ここが大切な点なのですが、すべての情念が悦びであるのは、情念が対象と私との関係が「ちょうどよい」(à propos) 状態にあることを告げるサインであるからに他なりません。言い換えるなら、私が注意を向けている何ものかと私との関係が適切であるとき、何らかの情念が心に姿を現すことになります。肯定的な(マルブランシュの言い方を使うなら、内的な楽しさの「感得」を帯びる)情念ばかりではなく、怒り、恐怖、憎悪、嫌悪のような否定的な情念すら、私と対象のあいだの適切な関係のサインであり、本質的には悦びとして受け取られるべきものとなります。

## †感情の本質は自己了解である

それでは、悦びであるかぎりにおける情念が告げる私と対象とのあいだの適切な関係とは何であるのか。この点について、マルブランシュは、次のような説明を遺しています。

マルブランシュによれば、情念の役割は、さしあたり、身体と心を含む一つの全体としての私の自己保存を支える点に求めることができます。情念の体験を手がかりに、私は、好ましいものを選びとり、好ましくないものを斥けるからです。つまり、情念を情念として受け取ることを可能にするのは、身体に対する私の「愛」であることになります。

しかし、自己保存への欲求、あるいは身体に対する私の愛の正体は、神への愛であり、したがって、最終的には、神の神自身に対する愛に他ならないことをマルブランシュは主張します。これは、スピノザの有名な「神の知的愛」（amor dei intellectualis）が神の自分自身に対する愛であるというのと同じです。

ただ、マルブランシュの場合、物体的存在の本質は、「叡智的延長」（étendue intelligible）と見做されます。叡智的延長というのは、神に属しているとともに神自身からは区別された物体的な存在そのものの観念であり、すべての個別的、具体的な物体の観念を含むモナドのようなものです。人間は、物体的な存在を認識するとき、神のうちにある叡智的延長をその都度異なる観点から見ている、したがって、異なる物体として把握されるとマルブランシュは理解します（「叡智的延長」については、木田直人『ものはなぜ見えるのか　マルブランシュの自然的判断理論』〈中公新書〉第I章を参照のこと）。

したがって、マルブランシュにとっては、スピノザの場合のように、何もかもが神の属性であるというわけではなく、この点において、神と人間の関係をめぐる彼の理解は、スピノザとはいくらか異なっています。むしろ、マルブランシュの神は、神の自分自身への愛を人間にたえず「刻印」(imprimer)し続ける存在として規定されています。

マルブランシュに従うかぎり、何らかの感情を心に抱く体験は、神の自分自身への愛を混乱した形で追想することを意味します。どのような感情であっても、感情を感情として受け取ることが可能であるかぎりにおいて、これは、私の自己了解と、身体を媒介として私が属しているこの世界の真相を両《ふた》つながら開示するものであり、しかも、私と世界のあいだの関係が「ちょうどよい」ものであることを教えるものでもあります。感情の体験が「楽しい」ものであり、すべての感情が本質的に悦びであるのは、感情の本質が自分自身のあり方をめぐる一種の納得あるいは承認を意味するからです。

### †「私とは何者なのか」を感情は教えてくれる

藝術作品の享受が楽しいものであるのも、同じ理由によると考えることができます。すなわち、藝術作品によって感動が惹き起こされるとき、私は、世界に関する何らかの根源的な真理を受け取ります。これは、前に述べたとおりです。そして、私たちの心に感情が生れるのは、私が何者であるかを感情が教えてくれるからであり、さらに、この感情が楽しいものであるのは、私が世界の内部に適切な仕方で位置を与えられていることが感情において確認されるからに他なりません。

誰にとっても、いかなるときにも、「私とは何者なのか」という問は、もっとも重要な問です。すでに古代ギリシアにおいて、七賢人の一人に数えられるソロン（紀元前六三九ころ〜五五九年ころ）は、「汝自身を知れ」という言葉をデルポイのアポロン神殿に遺しました。抒情詩人ピンダロス（紀元前五二二／五一八〜四四二／四三八年）の手になる作品には、「自分がいかなる人間であるか学んで、その通りになりたまえ」という言葉を見出すことができます（「第二ピュティア祝勝歌」〈『祝勝歌集／断片選』〈内田次信訳、京都大学学術出版会〉一二八頁）。われらがニーチェ（一八四四〜一九〇〇年）は、最後の著作である自伝『この人を見よ』（一九〇八年）の表題に「いかにして本来のおのれとなるか」（wie man wird, was man ist）という副題を添えることにより、ピンダロスが投げかけた言葉に対し二五〇〇年後の世界から応答しているのです。

けれども、それとともに、「私とは何者なのか」というのは、答えることのもっとも難しい問でもあります。同じニーチェは、晩年の著作『道徳の系譜学』において、次のように語っています。

……私たちが自分にとって縁遠い存在のままにとどまるのは、まさに必然的なことである。私たちには、自分のことがわからないし、私たちは、自分のことを取り違えざるをえない。私たちにとり、「誰にとっても、自分はもっとも遠い存在である」(Jeder ist sich selbst der Fernste) ということこそ、永久に通用する法則なのである。――私たちは、自分のことについては、「認識する者」などではないのだ……。
(序文一)

「私とは何者なのか」という問が問として成り立つという事実は、それ自体として、この問の答が決して自明ではないことを雄弁に物語るものです。

私の正体は、放っておいてもどこかから自然に涌いてくるものではありません。「私とは何者なのか」を知ることが目標であるなら、漫然とした、生ぬるい、甘ったれた「自分探し」「自己啓発」など、意味を持たないばかりではなく、有害ですらあります。むしろ、必要なのは、フランシス・ベーコンが自然の真理の解明に関して用いた(『学問の進歩』)表現を借用するなら、特別な道具を用いて自分を哲学的な「拷問」にかけ、自分の「秘密」を自分に対して「自白」させる苦しいプロセスでしょう。

自己了解を目標とする拷問とは、「私とは何者なのか」という問に対する答として不知不識に到来する感情から目を逸らすことなく、これを吟味し、説明するようみずからを強いることに他なりません。この作業により初めて、日常的な感情の「体験」は、単なる「ショック」であることを超え、感情の「経験」へと磨き上げられます。藝術作品は、このプロセスを促進するものであり、自分を拷問するのに役立つ特別な道具に他なりません。「私とは何者か」を知るためには、楽しくもあり苦しくもある拷問に身を委ね、自分を傷めつける勇気と覚悟が必要となるでしょう。

# 幕間

# 感情の分類、あるいはストア主義について

## †感情の分類は不必要であり不可能

さて、これまでこの書物において試みてきたのは、「感情とは何か」という問の意味、感情の意味を哲学史的な観点から明らかにする作業です。ただ、感情の意味に関し哲学者たちが遺した言葉を要約し、単純な時間の順序に従って排列して意見の一覧表を作り、これを表面的に眺めても、哲学者たちが本当に言いたいことはよくわからないはずです。これは、前に述べたとおりです。

感情の意味をめぐる哲学者たちの立場がわかりにくいのには、いくつかの事情がありますが、ここでは、その一つを取り上げておきます。哲学者たち、特に一七世紀と一八世紀の哲学者たちは、感情の具体例を列挙したり、感情の名称を蒐集したりする作業、さらに、これらを分類、整理して一覧として提示し、感情という経験全体の地図を細部にいたるまで飽くことなく描き続けているように見えます。たしかに、感情の地図を描く作業は、感情の意味に関し哲学者たちが遺した言葉のうち、もっとも目立つ部分であり、比較を試みたくなる部分でもあります。

しかし、素朴な常識に従うなら、このような作業に関し完成などというものはありえぬように思われます。私たちが現実に体験する感情は、かぎりなく多様であり、すべてが名を持つわけではないからです。むしろ、私たちが感情の名と見做しているものは、厳密に言うなら、かぎりなく個性的な無数の感情を大雑把に分類するための暫定的な枠組以上のものではないと考えるべきなのでしょう。

さらに、実際には、具体的に言及されている感情が異なり、感情の数が区々であるばかりではなく、感情の分類の基準のあいだにもまた共通点を認めることができません。感情のコレクションが何のためのものなのか、想像することは容易ではなく、哲学者たちのこのような試みは、私たちの心に困惑を惹き起こすばかりであるような気がします。というのも、感情をめぐる通俗的な見方に従うなら、のちに述べるように、感情のあいだの差異は、出力の差異でしかなく（一六〇頁以下を参照のこと）、出力とは無関係に感情を分類するなど、不必要であるばかりではなく、不可能ですらあるように見えるからです。実際、心理学を初めとする科学が感情を分類するときには、出力が唯一の手がかりになっているように見えます。

## †ストア主義における感情の分類

しかし、歴史的に見るなら、感情の分類という試みが、ストア主義に起源を持つものであることがわかります。ストア主義以降の哲学者たち、特に一七世紀と一八世紀に感情の意味を明らかにする試みに携わった哲学者たちによる感情の分類はいずれも、ストア派の哲学者たちの試みを暗黙のうちに前提とするものでした。感情の問題に関しストア主義が遺したもっとも有名な概念は「アパテイアー」です。しかし、アパテイアーが狭い意味での哲学に与えた影響は、少なくとも表面的には必ずしも大きくはありません。むしろ、のちの時代への影響という観点からストア主義を評価するなら、感情の分類に意義が認められねばならないでしょう。

ストア主義による感情の分類の特徴は、すべての感情を平面的に排列するのではなく、基本的感情をいくつか設定し、これら以外の感情に対しては、基本的感情の組み合わせ、あるいは派生形態としての位置を与える点にあります。ストア主義以降の哲学者たちの多くは、このストア派の分類方式を借用しています。

前に述べたように、ストア派の哲学者たちの手になるギリシア語の著作のうち、完全な形で現存しているものは一点もなく、ストア主義をのちの時代に伝えたのは、キケロ（紀元前一〇六〜四三年）とセネカ（紀元前一ころ〜紀元後六五年）に代表される古代ローマの著述家たちです。

たとえば、ストア主義に関する証言を含む著作の一つ、キケロの『トゥスクルム荘対談集』第四巻には、感情の分類の試みの一つが記されています。これは、ストア派の哲学者たちが試みた分類のうち、標準に近いものと考えられています（第六節以下、『トゥスクルム荘対談集』〈木村建治、岩谷智訳、『キケロー選集12　哲学V』〈岩波書店〉所収〉二三〇頁以下）。

キケロは、最初に、ギリシア語の *pathos* の訳語として perturbatio を使用することを提案します。この perturbatio とは、もともとは、「攪乱」を意味する言葉であり、すでに訳語の選択のうちに感情の意味をめぐる理解が反映されていることがわかります。実際、キケロは、いくつかに感情について、理性に従って出現する場合と、理性に反して出現する場合を区別し、理性に反する過度の感情は抑制されるべきことを主張します。

キケロが感情の分類に当たり最初に設定するのは、四つの基本的感情です。四つの基本的感情とは、「欲望」（libido）「悦び」（laetitia）「不安」（metus）「苦悩」（aegritudo）です。

そして、これら四つの下に、派生的または複合的と考えられる感情が配置されます。

四つの基本的感情のうち、欲望と悦びは、「想念上の善」(opinata bona)に由来し、不安と苦悩は、「想念上の悪」(opinata mala)から生れるとキケロは言います。また、欲望と不安が未来へと向けられた感情であるのに反し、悦びと苦悩は、現在の事柄、あるいは、現実の事柄へとかかわっていると見做されます。

さらに、考えうるかぎりにおけるすべての感情は、四つの基本的な感情のいずれかに還元されます。すなわち、①基本的感情としての「苦悩」は、「羨望」「対抗心」「やきもち」「同情」「憂悶」「悲嘆」「悲哀」「辛苦」「困苦」「慨嘆」「憂鬱」「立腹」「疼き」「絶望」などへと分かれて行き、②「不安」からは、「怯懦」「羞恥」「戦慄」「恐怖」「狼狽」「怖じ気」「当惑」「臆病」などが生れます。さらに、③「快楽」(voluptas)――これは、「悦び」と置き換え可能な言葉として使われています――は、「他人の災いを悦ぶほくそ笑み」「陶酔」「自慢」などの上位概念の位置を占め、④「欲望」は、「怒り」「激昂」「憎悪」「敵愾心」「憤怒」「貪欲」「願望」などの感情を変型として持つことになります。

これら四つの基本的感情というのは、具体的な感情ではなく、むしろ、具体的な感情を分類するための枠組のようなものとして理解されています。実際、キケロは、これらを

「類」(genus)と呼び、それぞれの下に位置を与えられている「部分」(pars)としての具体的な感情から区別しています。

## †トマスとデカルトの「順序」

以前に説明したように、一七世紀の哲学者たちはいずれも、ストア主義の再評価に刺戟を受け、感情の意味を主題的に取り上げるにあたり、基本的感情を設定する操作を必須と見做します。単純な基本的なものと複合的、派生的なものへの区別は、ストア派の哲学者たちから一七世紀を経て、近代にまで受け継がれることになります。

とはいえ、それとともに、基本的感情として選び出されるものは、哲学者により異なります。たとえば、前に立ち入って説明したように、デカルトは、『情念論』において、「驚き」「愛」「憎しみ」「欲望」「悦び」「悲しみ」の六つを特に「基本的情念」と名づけ、他の情念を基本的情念の派生形態あるいは、複数の基本的情念の組み合わせと見做します。また、デカルトは、それぞれの情念のあいだに「順序」を設定します。これがデカルトに固有の試みであることは、以前に述べたとおりです(九三頁以下を参照のこと)。

ただ、複数の情念のあいだに何らかの順序を設定する試みを広く理解するなら、それ自体としては、デカルトに始まるものではないと考えることができないわけではありません。たとえば、すでにトマス・アクィナスは、『神学大全』において、「主要情念」(principales passiones) の設定に関連し、情念のあいだの「二重の順序」(duplex ordo) の問題に言及しています (二－一部第二十五問題第四項〈『神学大全　第10冊』〔森啓訳、創文社〕五〇頁以下〉)。また、トマスが同じ箇所で語っているように、この試みの遠い起源をアリストテレスの『ニコマコス倫理学』に求めることもまた、不可能ではないのかも知れません。

とはいえ、トマスが説明しているのは、情念の分類に関し二つの異なる「順序」を設定しうることにすぎません。トマスによれば、すべての情念は、「希望」「恐怖」「悦び」「悲しみ」の四つの主要情念のいずれかに還元されます。そして、これら四つのうち、「意図」(intentio) の順序に従うなら、「希望」と「恐怖」が主要情念となり、これに反し、「達成」(consecutio) の順序という観点から情念を眺めるなら、「悦び」と「悲しみ」に「終極の」(finalis) 位置が与えられねばならないことをトマスは主張します。しかし、トマスの場合、これらの順序は、行動との関係において設定された単なる「順番」以上の役割を担うものではなく、この意味において、やはり、ただ一つの「順序」の相のもとで情念全体の地図を描くデカルトの試みは、彼に固有のものと見做すのがふさわしいように思われます。

### †スピノザによる感情の分類――理性にもとづく感情、反する感情

スピノザの場合、感情の問題は、『エチカ』第三部と第四部において主題的に取り上げられます。ただ、スピノザは、一七世紀から一八世紀の哲学者の多くとは異なり、感情を言い表すのに、ギリシア語の *pathos* に直接に対応する名詞 passio ではなく、これに代わり、affectus の語を用います。スピノザによれば、「基本的感情」（affectus primarium）として特別な位置を与えられるのは、「悦び」（laetitia）「悲しみ」（tristitia）「欲望」（libido）の三つです（第三部定理一一備考）。

なお、スピノザの場合には、基本的感情とその他の派生的な感情の区別の他に、もう一つ、「能動感情」と「受動感情」の区別が試みられます。

感情（*affectus*）とは、我々の身体の活動能力を増大しあるいは減少し、促進しあるいは阻害する身体の変状〔刺激状態〕、また同時にそうした変状の観念であると解する。

そこでもし我々がそうした変状のどれかの妥当な原因（adaequata causa）でありうるなら、その時私は感情を能動（感情）（actio）と解し、そうでない場合は、これを受動（感情）（passio）と解する。（第三部定義三〈『エチカ（上）』〔畠中尚志訳、岩波文庫〕二〇二頁〉）

右に引用した一節において、スピノザは、感情のうち、理性にもとづくものを能動感情と見做し、理性に反するものに受動感情の位置を与えます。スピノザの場合、passioという言葉は、感情一般ではなく、能動感情から区別された受動感情を指し示します。

前に述べたように、キケロが紹介しているストア主義による分類にもまた、理性にもとづく感情と理性に反する感情の区別への言及を認めることができます。デカルトも、『情念論』において、度を超えた情念というものの可能性を具体的な事実に即して指摘しています。しかし、大抵の場合、理性によってコントロールされた感情と、理性のコントロールに逆らう感情のあいだの差異は、単なる強度の差異として受け止められてきました。

これに反し、スピノザの場合、両者の差異は、感情自体のあいだに横たわる質的な差異となります。これは、スピノザに独自の見方であると言うことができます。実際、スピノザは、三つの基本的感情のうち、「悦び」と「欲望」のそれぞれについて、能動感情と受動感情の区別を認めます（スピノザによれば、「悲しみ」は端的な悪であり、したがって、悲しみには受動感情しかありません）。

### †感情の分類を試みたさまざまな哲学者

ストア主義による感情の分類は、感情に基本的、普遍的なものと、派生的、特殊的なものを区別するものであり、一七世紀に多くの哲学者によって受け入れられて行きます。しかしながら、ストア主義の分類の枠組を受け入れず、これとは無関係に感情の分類を試みた哲学者がいないわけではありません。たとえば、プラトンやアリストテレスは、ストア主義とは無縁でしたし、中世の神学者たちにとってもまた、ストア主義による感情の分類は、どうしても参照しなければならないものではなかったようです。当然、感情が最初に基本的なものと派生的なものに区別されることはなく、むしろ、具体的な感情が「平面的」に排列され、感情のあいだに相対的な区別が試みられることになります。

たとえば、アリストテレスは、『弁論術』第二巻において、公共の場で行われる演説が聴き手に与える影響という文脈の内部において感情を主題的に取り上げ、分類します。アリストテレスによれば、感情は、次の三つの観点から区分され記述されるべきものです。すなわち、感情のあいだに認められる差異とは、(ア)感情が発生するときの心の状態、(イ)感情が向けられる人間の性質、(ウ)感情の原因の差異に他ならないことになります。

アリストテレスは、この観点から、感情に一四種類を区別します。『弁論術』が掲げるのは、「怒り」「穏やかさ」(=怒りの反対概念)「友愛」「憎しみ」(=友愛の反対概念)「恐怖」「大胆」(=恐怖の反対概念)「恥」「無恥」(=恥の反対概念)「親切」「不親切」(=親切の反対概念)、そして、「憐れみ」「義憤」「妬み」「競争心」のあわせて一四種類であり、アリストテレスは、これら一四種類の一つひとつを具体的な形で規定します。

さらに、一七世紀以降の哲学者、たとえばホッブズ、ロック、ヒューム(一七一一～一七七六年)などもまた、感情の意味を主題的に取り上げるにあたり、ストア主義の枠組を受け入れず、具体的な感情を平面的に排列し、アド・ホックな仕方で区別を試みるにとどめています。なぜ彼らが基本的な感情を中心とする「立体的」な分類方式を採用しなかったのか、確実なことはわかりません。ただ、一つだけ確かなことがあるとするなら、それは、一人ひとりの心に姿を現す感情が、ハッキリしたものであれ、ボンヤリとしたものであれ、また、長期間にわたり記憶に残るものであれ、すぐに忘れられてしまうような儚いものであれ、すべて一回かぎりのものであり、ユニックな個性を具えているという点です。

もちろん、ストア主義の分類方式は、感情一般の意味を抽象的な仕方で理解することを可能にします。デカルトやマルブランシュの試みは、ストア主義の影響のもとで初めて可能となったものであると言うことができます。しかし、少数の基本的な感情を設定し、無数の具体的な感情をこれらの派生形態あるいは組み合わせとして説明するかぎり、私たちの心に現れる感情がかけがえのないものであるという側面が犠牲にされる危険があることもまた確かなことです。私たちが体験する無数の感情のすべてに固有の位置を与えることを優先するかぎり、ストア主義的な「立体的な」分類と体系的な記述は、破綻せざるをえないのでしょう。

# 第二章

# 感情の科学、
# あるいは情動主義について

## †「感情」はどのように語られているか

感情の体験は、本質的には楽しいものであり、したがって、すべての感情は本質的に悦びに他なりません。藝術作品が私たちに感動を与えるのは、これが感情の純粋な体験を可能にする装置だからであると考えることができます。藝術作品では純粋な形で、普段の生活でもまたいくらか混乱した形において、私のあり方をめぐる真相と世界の真相がともに感情として与えられます。私とは何者なのか、私がその内部に位置を占めている世界がどのようなものであるのか、さらに、私と世界のあいだにはどのような関係が横たわっているのか、感情の体験を吟味することは、このような点を肯定的な仕方で私たちに教えてくれるもの、このかぎりにおいて特別な意味を持つものであるに違いありません。

しかしながら、このページに視線を落としている人の多くは、「感情」という言葉を目にしたり耳にしたりして、これまで説明してきたのとはかなり異なる事柄を連想していたのではないかと私は想像します。むしろ、多くの人にとり、感情というのは、主に行動との関係において取り上げられるものであり、したがって、たとえば映画や小説が与える感動に感情の典型を求めるなど、予想外のことであったかも知れません。このような人たちにとっては、心理学、社会心理学、行動経済学、精神医学などの「感情」への態度の方が、これまでの話よりも身近に感じられるでしょう。

そこで、ここからは、「感情」の意味を明らかにすることを標榜する学問分野が前提とする「感情」観を取り上げます。感情の通俗的、科学的な見方が転倒したものであることを確認するのが、さしあたりの目標となります。

ここで取り上げるのは、今までとはまったく異なる前提にもとづくものの見方であり、これまでお話ししてきたような感情の見方に慣れた目には、ここからの話は、ヒンヤリとしたよそよそしさを漂わせたものと映るのではないかと予想します。

## †感情を語る共通枠組が哲学にはない

哲学者たちが遺した言葉から「感情とは何か」という問に対する回答として理解可能なものをすべて集めると、かなりの分量になります。しかし、これらを単純な時間の順序にもとづいて排列し、漫然と眺めていても、あまり面白くはありません。感情とは何かという問に対する哲学者たちの答は、刺戟に乏しいものとして私たちの目に映るからです。

「感情とは何か」という問に哲学者たちが与えた答はすべて、天才たちが時間とエネルギーを費やした結果には似つかわしくない外観、どこか貧相で平板な外観を具えており、感情をめぐる私たちの認識を新しい段階へ引き上げてくれるような洞察を含むものではないように見えてしまいます。

さらに、以前に述べたように、彼らの見解は、ただ区々であるばかりではなく、共通の前提や枠組を欠いているようにすら見えます。哲学者の言葉のあいだに接点を確認することができるとするなら、それはただ一つ、日本語の「感情」という名詞が指し示す現象に何か関係があるらしいという点にとどまるように私たちの目には映ります。古代から現代まで、感情の意味をめぐる哲学者たちの言葉を比較しても、誰でも知っているあの感情の経験について、何かが新たに「わかった」ことを告げる心地よい充実感は得られません。むしろ、あとに残るのは、「感情の問題って、何だか面倒なのね」という疲労感のにじむつぶやきだけである……、このような残念な結果になるかも知れません。

哲学者たちのテクストを眺めるとき、私たちは、彼らが感情という現象をそれぞれ独自の観点から取り上げ、これを説明していることに気づき、困惑を覚えます。彼らの見解は、ただ異なっているばかりではありません。哲学者たちの見解のあいだには、比較の手がかりとなるもの、あるいは、感情の意味を明らかにする試みの歴史が成り立つための共通の場が欠けているように見えるのです。私たちの前には、一切の整理や理解を受けつけない多様、雑然とした「単なる多様」が広がっているように感じられます。これは、以前に述べたとおりです（二四頁以下を参照のこと）。

## †「感情とは価値判断である」

とはいえ、哲学者たちの見解が表面的には区々であり、何の接点も認めることができないように見えるにもかかわらず、幸いなことに、少し辛抱して言葉をゆっくり辿ると、感情の意味を明らかにする試みの背後に、前提となる形式的な共通了解を少なくとも一つは見出すことができます。彼らが共有しているものとは、感情が価値判断と一体をなすという了解です。私たちが感情を感情として把握することができるのは、「よい」「悪い」という道徳的判断に代表される価値判断と何らかの仕方で結びつけられるときであり、実際、感情の問題を哲学的な観点から主題的に取り上げることは、価値判断との関係において感情の意味を問う作業と見做すことが可能です。

そして、感情が価値判断と一体のものであるという了解を前提とすることにより、感情は、気分や知覚からおのずと区別されて行きます。というのも、前に説明したように（一八頁以下を参照のこと)、気分や知覚に分類されるべき現象は、価値判断との必然的な結びつきを欠いているからです。「昂揚感」として意識に姿を現す気分、あるいは「痛み」の名を与えられた知覚は、決まった内容の価値判断と結びついてはいないように思われます。

とはいえ、知覚や気分は価値判断との必然的な結びつきを欠いているという説明を耳にすると、痛みや昂揚感が判断に影響を与える可能性を想起する人がいるかも知れません。というのも、たとえば次のような発言は、知覚や気分が判断と一体をなすことを示す証拠であるように見えるからです。「俺は、腰が痛いときには、女房から何を言われようと、絶対に家事を手伝わないぞ、犬の散歩などもってのほか」「ウキウキしているときには、ついつい必要のないものまで買っちゃって、必ず後悔するの」などのように、知覚や気分が判断を特定の方向へと導き、このかぎりにおいて、行動に影響を与える場合があるのを私たちは知っています。ひどい腰痛に苦しめられているときには、外出が面倒に感じられるでしょうし、気分が昂揚しているときには、警戒心が緩み、不必要な散財に身を委ねてしまったり、詐欺の被害に遭いやすくなったりするかも知れません。知覚や気分と価値判断のあいだに何らかの関係が認められることは事実です。

しかし、それとともに確かなことは、知覚や気分と価値判断とのあいだの結びつきが決して必然的ではないという点です。気分や知覚は、価値判断に「影響」を与え、これを「左右」する可能性があるものであるにすぎず、価値判断と一体ではありません。実際、「腰が痛い」のをおして「犬の散歩」に出かけることは不可能ではありませんし、気分が途方もなく昂揚しているときでも、金がなければ、何も買うことができません。

これに対し、感情の場合は、事情が異なります。これは、のちに感情の通俗的、科学的な見方との関係で、少し立ち入って説明することになる点ですが、具体的な感情を想起することにより、ただちに明らかになることでもあります。

## †感情は自然現象ではない

たとえば、私たちの心が悲しみの感情に満たされるとき、この感情を心に惹き起こす原因となる出来事は、その都度あらかじめ何らかの決まった枠組のもとで解釈されています。当然、この枠組は、感情によって異なります。

スピノザは、主著『エチカ』において、悲しみに関し、これを「自分の愛するものが破壊されることを表象する人」(qui id, quod amat, destrui imaginatur)の心に姿を現す感情として記述します(第三部、定理一九)。スピノザによるこの規定に対し日常的なレヴェルにおいて悲しみが成立するための条件を少し補うなら、悲しみは、自分の愛するものが何らかの仕方で毀損され、しかも、この毀損がいかなる手段によっても回復不可能であることを理解するときに私たちの心を訪れる感情として定義されるはずです。

家族の死が私たちの心に悲しみを惹き起こすのは、家族を失ったという事実がいかなる仕方でも回復不可能であるからに違いありません。親しい友人が同級生に殴られているのを目撃するとき、私たちの心にまず発生するものは、悲しみではなく、むしろ、怒りまたは恐怖であるはずです。親しい友人が殴られている光景が私の心に怒りではなく悲しみを惹き起こすなら、それは、私自身がこの状況を変更する手段を持たぬという了解、自分が無力であるという了解の反映と見做されねばならなくなってしまいます。同じように、家族の死の場合には、これが医療事故のような特殊な原因によるものであるとき、私たちの心には、親しい人の死が惹き起こす悲しみと医療事故の加害者に対する怒りが一緒に産み出されることになります。

感情とは異なり、知覚や気分には、このような解釈のための先行判断の枠組がありません。悲しみについては、理由を問うことが可能であるのに反し、痛みや昂揚感について問うことのできるのは、理由ではなく、物理的な原因だけです。この事実は、知覚や気分が本質的に自然現象であり、生理的な事実であることを示しています。

## †感情の合理性について

とはいえ、知覚や気分が自然現象であり、生理的な事実であるという説明は、一つの疑問を惹き起こすでしょう。知覚や気分が自然現象であるのなら、同じように、感情もまた自然現象と見做してはいけない理由など認められないように思われるからです。

たしかに、たとえば「怒り」の感情が意識に姿を現すとき、身体には、この感情に対応する変化が認められます。激しい怒りに囚われると、血圧が上昇したり、汗をかいたり、顔が紅潮したりするかも知れません。このかぎりにおいて、具体的な感情の中には、生理的な現象に対応しているものがあると考えることは可能です。しかしながら、血圧が上昇したり、汗をかいたり、顔が紅潮したりすることは、それ自体としては、怒りではなく、怒りに対応する生理的な現象にすぎません。これらは、「怒る」という行動を構成する身体的な変化の一部として理解されるべきものです。その証拠に、薬物を使用して血圧を上昇させ、発汗を促し、顔を紅潮させても、怒りの感情がこれらの生理的な現象とともに生れることはありません。薬物の投与で作り上げることができるのは、「怒り」という感情と「怒る」という行動との結びつきを容易なものとするような不快な気分や知覚にすぎないように思われます。

生理的な現象と感情のあいだには、一対一の関係など認められません。感情と生理的な現象が一対一に対応し、涙を流すことが悲しみと一致するのなら、「嬉し涙」なるものは矛盾した観念と見做されねばならなくなります。また、包丁を使って玉ねぎを切るたびに、不可解な悲しみに襲われることにならなければならないでしょう。

詩人ハインリヒ・ハイネ(一七九七〜一八五六年)は、有名な「ローレライ」の冒頭に「なじかは知らねど心わびて」(Ich weiß nicht, was soll es bedeuten, Daß ich so traurig bin)と記しています。もとの美しい表現を散文的な日本語にあえて置き換えるなら、これは、「私はこんなに悲しいのに、これが本当はどういうことなのか、わからないわけだが」という意味になります。

ハイネは、主にパリで活躍したドイツ系ユダヤ人であり、恋愛をテーマとする多くのロマン主義的な作品とともに、革命を鼓舞する政治的な詩を多く発表したことで知られています。日本では、この「ローレライ」を収めた詩集『歌の本』(一八二七年)を中心として、戦前にはよく読まれた詩人です。山本有三(一八八七〜一九七四年)が一九三三(昭和八)

年に公刊した長篇小説『女の一生』には、登場人物たちを結ぶ重要な小道具としてハイネの詩集が何回か登場します。「なじかは知らねど心わびて」から始まる「ローレライ」は、日本人に馴染みのあるドイツ語の詩の一つであるに違いありません。

ただ、この美しい言葉は、悲しみの感情の真相を伝えるものとして受け取ることはできません。なぜなら、知覚や気分とは異なり、感情が感情として意識に姿を現すかぎり、つまり、この場合なら、悲しみが悲しみとして把握されるかぎり、悲しみの理由は、合理的に解明することが可能なものだからです。「なじかは知らねど心わびて」が本当に意味するところは、「なぜ悲しいのか、その理由はよく考えればわかるには違いないのだが、考えるのはなぜか気が進まない」となるはずです。

## †感情が先か、価値が先か？――情動主義の考え方

さて、哲学史に名をとどめる哲学者たちは、感情を価値判断と一体のものと見做す点において一致します。この共通了解は、さしあたり、感情の意味を問う試みにおいて哲学者たちが共有するただ一つの前提であると言うことができます。

とはいえ、感情が価値判断と表裏をなすという見解は、少なくともそれ自体としてはま

だ、積極的な意味を持つものではありません。というのも、価値判断と感情との関係には、二つの種類を区別することができるからです。すなわち、感情と価値判断が一体のものであるという主張は、①感情が価値判断の反映であり、価値判断に根拠を持つという主張と、反対に、②価値判断の方が感情に基礎を持つという主張、つまり、価値判断を感情の記号と見做すべきであるという主張、これら二種類に区分されることになります。

感情と価値判断が一体のものであるというのは、「価値判断が感情に先行する」ことを意味するのか、それとも、「感情が価値判断に先立つ」ことであるのか、これは、哲学者により立場の分かれる点でもあります。少し抽象的な表現を用いるなら、前者が妥当なものであるかぎり、感情は、本質的に「認知的」なもの、つまり、真偽を問うことが可能なものと見做されねばなりません。

これに反し、後者の立場からは、感情が「非認知的」であるという帰結が導き出されます。「感情が判断に先立つ」なら、感情は、真偽を問うことができぬものであり、いかなる説明も受け入れぬものであることになります。そして、価値判断を感情の表現と見做す後者の立場、感情を非認知的なものとして理解する立場が一般に「情動主義」と呼ばれているものです。

## †哲学と情動主義の対立

　哲学者たちが遺した言葉を眺めることによって明らかになることが、もう一つあります。それは、感情の問題に関するかぎり、彼らの多くが右に挙げた①をみずからの立場として暗黙のうちに引き受けていること、言い換えるなら、感情が主題的に取り上げられるときには、②の立場、つまり情動主義を斥けることが漠然とした目標として設定されていることです。前の章で立ち入って説明したデカルト、マルブランシュに代表される哲学者たちの見解は、いずれも、①に分類されるのがふさわしいものです。

　感情は、プラトンとアリストテレスにとり、本質的に「思いなし」（*doxa*）であり、ストア派の哲学者たちにとってもまた、「判断」（iudicium）と「思いなし」（opinio）を基礎とするものでした（この点については、廣川洋一『古代感情論――プラトンからストア派まで』〈岩波書店〉の第一章、第三章、第五章を参照のこと）。また、前の章でお話ししてきたことからも、この点はすでに明らかでしょう。ⓐ感情の問題とは、さしあたり感情と価値判断の関係の問題であること、ⓑさらに、哲学者たちの多くにとり、感情が価値判断によって基礎を与えられるべきものであると考えるのが自然であったこと、このような点が明確になってきたように思われます。

情動主義に従うなら、感情について知ることができるのは、入力と出力の関係だけ、つまり、特定の心的状態が発生する条件と、この心的状態が行動に与える影響だけとならざるをえません。そして、哲学者たちの言葉は、感情をこのような単なる「ブラックボックス」と見做す可能性を斥ける試みとして読むことが可能であり、また、このような観点から読まれることにより、初めて、意義あるものとなると私は考えています。

たしかに、情動主義は、感情をめぐる通俗的な見方や語り方に合致するものであり、したがって、通俗的な見方の抽象化により生れた科学的な見方や語り方に基礎を与えるものでもあります。つまり、情動主義にはながい歴史があり、私たちの常識は、感情の見方に関するかぎり、情動主義にすみずみまで支配されてきたと言うことができます。

しかし、それだけに、情動主義の引力から逃れ、「感情とは何か」という問を自由に問うことができるようになるためには、それなりの体力が必要となります。哲学者たちの言葉は、情動主義の引力から逃れるための縁となるもの、感情をめぐる通俗的な見方から自由になることによって明らかになるはずの私たち一人ひとりの心のあり方を知るための手がかりとなるものであるに違いありません。

## †感情の神話的な語り方

哲学以前の古代世界では、感情は、理性の働きを攪乱するものであり、文字通りの意味で私たちの外部に由来するもの、しかも、何らかの意味において非人間的なもの、このかぎりにおいて「神」的なものとして受け取られるのが普通でした。狂気に似た特定の発言や行動を表現するのに使われる「神がかり」という言葉は、この事実を雄弁に物語るものです。感情に支配された状態というのは、外部にある何ものかに憑依され、狂気に陥っている状態から区別されてこなかったのです。

狂気と同じように、感情には人間の本来のあり方を混乱させる作用があるという了解は、哲学以前から人類に共有されていたようです。感情をめぐる情動主義的な見方が人類の歴史と同じくらい古いものであったことがわかります。ギリシア神話では、合理的な行動を攪乱する要素は、つねに外部から到来するものとして描かれていました。

ギリシア神話には、神の力で狂気に陥った「マイナス」（*mainas*）と呼ばれる女性たちが繰り返し登場します。マイナスとは、ディオニュソス（＝バッコス）に従う女性の信者たちのことです。ディオニュソスは酒の神であり、ディオニュソスの祭では、参加者たちが一種の酩酊、錯乱状態に陥り、社会秩序を転覆するようなふるまいを実行に移します。特に、マイナスたちは、ディオニュソスを信奉しない人々を襲撃し、殺害することで有名です。マイナスたちに襲われて命を落とした人物を代表するのは、マイナスたちに八つ裂きにされたオルペウスでしょう。オルペウスは、毒蛇に咬まれて命を落とした妻エウリュディケーを救うためにハデス（冥界）に下ったエピソードで知られる伝説上の音楽家です。

また、テーバイの王であったペンテウスは、ディオニュソスに敬意を示さず、反対に、これを排除したため、マイナスたちに襲われることになります。ペンテウスの場合、自分の母アガウエとその妹アウトノエまでマイナスの群に加わってしまい、最後には、錯乱した彼女たちによって殺害されます。この経緯は、たとえばオウィディウス（紀元前四三〜紀元後一七年）の『変身物語』第三巻には次のように記されています。

狂った女たちが、いっせいに、ペンテウスひとりにむかって殺到した。寄ってたかって、震えている彼を追いかける。さすがの彼も、今は震えているのだ。暴言を吐くこともしなくなった。自分を責め、自分が悪かったことを認めてもいる。それでも、傷ついた彼は、「おばうえ、お助けを！」と叫ぶ。「おばうえ、アウトノエ！　同じ悲惨な目に会ったアクタイオンの――あなたの息子の――霊魂に免じて！」

アウトノエは、アクタイオンが誰なのかもわからずに、哀願するペンテウスの右腕をもぎ取った。左のほうは、イノーが引きちぎった。あわれなペンテウスは、母親にむかってさしのべるべき腕をなくしたが、もぎ取られた両腕の傷口を見せながら、「ごらんください、母うえ！」と叫ぶ。それを見たアガウエは、うなり声をあげ、あらあらしく首を振って、髪を宙に翻らせる。息子の首を引き抜いて、血まみれの手でつかむと、大声をあげた。「ねえ、みんな、この勝利は、この手でかちえたのよ！」

秋の寒さに傷められて、それでもかろうじて梢にすがりついている木の葉が、あっというまに風にさらわれる――それよりもなお速く、ペンテウスのからだは、忌まわしい手で引きちぎられた。（中村善也訳、岩波文庫）

ギリシア神話では、合理的な行動を攪乱する要素は、つねに外部つまり神に由来するものとして描かれていました。広い意味における感情的なもの、言葉の通俗的な意味における理性に対立するもの、したがって、私たちのコントロールが及ばない心の動きが「神」的なものと見做されていたことがわかります。

なお、ギリシア神話において、女性であるマイナスに殺害されるのは、基本的にはすべて男性です。これに対し、たとえば、デルポイの神殿で神託を伝えるのは巫女であり、近代なら、降霊会——死者の霊を呼び出すことを標榜する会合——において「霊」が憑依する「霊媒」の役割を担うのは、大抵の場合、なぜか女性です。男性が「神がかり」になることは滅多にないと一般に信じられてきたのかも知れません

## †情動主義を前提とする科学

「情動主義」という言葉が使われるようになったのは二〇世紀になってからであり、この立場を代表すると一般に考えられているのは、英語圏の論理実証主義者たち、具体的にはラッセル（一八七二～一九七〇年）、エイヤー（一九一〇～一九八九年）、スティーヴンソン（一九〇八～一九七九年）などです。ただ、この立場の起源を彼らよりも前に遡ることは可能であり、たとえば、一八世紀のイギリスの哲学者デイヴィッド・ヒュームの立場は、情動主義に分類されることがあります。

感情と価値判断の関係をめぐるヒュームの見解には、情動主義とは相容れない要素、それどころか、情動主義に明らかに対立する要素が認められます。そのため、ヒュームを情

動主義者に分類しない研究者は少なくありません。

しかし、このような事情があるとしても、一九世紀以降、感情の意味を問う試みが哲学史の前景から姿を消して行ったことは事実であり、この事実にもとづき、ヒュームの見解に含まれる情動主義的な要素、あるいは、ヒュームが代表する情動主義的な立場が感情をめぐる哲学的な言説に何らかの深刻な打撃を与えることになったと推測することは、不可能ではなく、不自然でもないように思われます。

また、これまで述べてきたように、情動主義は、感情をめぐる通俗的な見方と一体をなすものであり、したがって、感情をめぐる科学的な見方もまた、情動主義を暗黙のうちに前提とするものです。なぜなら、心理学、社会心理学、行動経済学、精神医学などにおける感情の科学的な説明は、通俗的な「感情」観を抽象化することにより作り上げられたもの、通俗的な「感情」観の精密な模写にすぎぬものだからです。情動主義とは異なる観点から感情を眺めることが可能となるためには、感情をめぐる通俗的、科学的な理解の輪廓を明らかにし、さらに、この理解の基礎に情動主義が隠れていることを確認することにより、このような「感情」観を解体することが必要となります。

まず、この書物は、①感情を入力と出力のあいだに介在するブラックボックスとして記述する研究の最大公約数的なモデルを作り、これを「感情の科学」と名づけます。この「感情の科学」モデルは、感情を主題的に取り上げるすべての科学的研究に共通するテンプレートのようなものであり、感情をめぐるすべての科学的言説は、このモデルに還元することが可能です。言い換えるなら、感情の意味を問う作業が「科学的」であることを標榜するかぎり、このモデルから逸脱することは許されないことになります。

次に、②「感情の科学」が情動主義的な見方を暗黙のうちに前提とすることを確認します。このとき、感情を「科学的」に説明する試みが感情と行動の関係の解明へと逢着せざるをえない理由が明らかになります。そして、最後に、③情動主義と哲学史との接点となるヒュームの立場を確認します。

## †情動主義の立場——価値判断は感情の反映である

なお、「感情」(emotion)の意味をめぐる見解に複数を区別することができるにもかかわらず、その一つに対し特に「情動主義」(emotivism)の名が与えられていることは、いくらか違和感を与えるかも知れません。emotion に関する立場なら、どのようなものであってもemotivism の名にふさわしいはずだからです。たしかに、価値判断が感情を基礎に持つという見解をあえてemotivismと呼ぶことに必然的な理由は認められないように見えます。

ただ、情動主義が「情動主義」の名を与えられているのには、相応の理由があります。この考え方は、「感情とは何か」という問に答える試みに起源を持つものではなく、もともと、規範や価値の基礎づけの文脈の内部に位置を占めていたものなのです。価値判断の基礎づけ可能性は、道徳哲学のもっとも重要な問題、いや、唯一の問題であり、この問題に関し「感情」(emotion)の担う役割を特に強調する立場を「自然主義」「功利主義」などの名を持つ他のいくつかの立場から区別するため、これに「情動主義」(emotivism)の名が与えられてきました。情動主義は、感情の意味をめぐる立場の一つであるばかりではなく、何よりもまず、価値判断の本質をめぐる立場であるわけです。

前にお話ししたように、情動主義は、感情が価値判断に先立つことを主張する立場です。もう少し具体的に言い換えるなら、価値判断が本質的に感情の反映として理解されるべきものであることを主張する立場です。単純化するなら、エイヤーに代表される情動主義とは、すべての価値判断を「好き」「嫌い」の婉曲な表現として理解する立場に他ならないと言うことができます。

とはいえ、「すべての価値判断は『好き』『嫌い』の婉曲な表現である」という説明だけでは、情動主義の意味は必ずしも明らかにならないように思われます。そこで、この章の後半で、情動主義の内容をもう少し丁寧に確認しておくことにします。

## †情動主義批判と応用倫理学

情動主義は、規範や価値の本質をめぐる文脈の内部において繰り返し批判にさらされてきました。哲学の専門家のあいだでは、「情動主義」というのは、評判の悪い立場です。「情動主義者」を自称する哲学者もまた、現在ではほぼ皆無のはずです。というのも、「私は情動主義者です」と宣言することは、「一つひとつの事柄の『よい』『悪い』について私と議論しても意味がありませんよ」と公言するのと同じことだからです。たとえば「臓器移植は是か非か」という具体的なテーマが取り上げられ、意見を求められることがあるとしても、情動主義者が語りうるのは、「お好きにどうぞ」の一言だけでしょう。社会全体の利益にかかわる具体的なテーマに関し、情動主義ほど無力な無責任な立場はないのです。情動主義が哲学の専門家のあいだで支持されない理由は、すでに明らかでしょう。

ただ、社会問題をめぐる議論に哲学や倫理学の専門家が介入することが無条件に好ましいわけではありません。

民主主義の社会に生きるかぎり、私たちは誰でも、社会全体の利益にかかわる諸問題を引き受け、オープンな討議にもとづいて公論を形成する努力を引き受けなければなりません。「臓器移植」「捕鯨」「エネルギー問題」……。そして、このようなテーマをめぐる言説空間には、何らかの交通整理が必要であることもまた事実です。

しかし、哲学や倫理学の専門家たちが「環境倫理」や「生命倫理」の名を借りてこれに介入し、抽象的なジャーゴンを操りながら交通整理を試みても、当事者たちのあいだの討議が生産的になるとはかぎりません。反対に、専門家が自分たちの思考を代行してくれると勘違いし、討議に参加する意欲を失い、表面的な主張にしか興味を示さなくなる者が増える危険があります。仏典に由来する古い格言を用いるなら、「月を指せば指を認む」という表現にふさわしい事態が出現するはずです。これは、意図されざる「愚民化」であり、公的領域における合意形成の障碍になるのではないかと私は惧れています。

### †「感情」によって社会規範が覆る危険性

とはいえ、情動主義が哲学的な立場としては疑わしいことがすでに明らかであるにもかかかわらず、哲学者たちが「溺れた犬」を叩くように情動主義を批判し続けるのには、いくつかの理由があります。情動主義が大衆化した社会における道徳の暗い運命を予告するように見えるというのは、理由の一つです。

現代の日本では、言論のほぼ完全な自由が保証されているにもかかわらず、不思議なことに、具体的な事柄の価値をめぐる合意形成がオープンな討議にもとづいて実現することはあまり期待できません。大衆の思考は、年を追うごとに画一化されたものとなり、世論は、プロパガンダの力により、大きな魚に襲われたイワシの群れのように一気に遅滞なく方向転換してしまいます。何が「よい」ことであり、何が「悪い」ことであるのか、これは、考えるものではなく、ただ大雑把に「感じる」だけのもの、「空気」として読み取るだけのものとなりつつあると言うことができるかも知れません。社会のいたるところにおいて観察されるこのような抑圧的な傾向に抵抗するためには、感情の意味を自由に問う作業は避けて通ることのできぬものとなるはずです。

このような状況のもとでは、ながい年月をかけて形作られ維持されることにより規範としての拘束力を与えられてきた合意が一夜にして廃棄されたり、慎重な討議を経ることなく作られた新たなルールが急に姿を現したりする危険があります。たとえば、「人を殺すのはよくない」という文は、社会的、宗教的な合意の表現です。もちろん、殺人が悪であることに誰もが同意してきたわけではないかも知れません。それでも、問題解決の手段としての殺人の優先順位が低く、殺人が可能なかぎり回避されるべきものであるという了解が社会全体で共有されてきたことは事実です。少なくとも、これが殺人に関する普通の見方であることは、誰でも知っていました。

したがって、この「人を殺すのはよくない」という合意を承認しない者というのは、ドストエフスキー（一八二一～一八八一年）の長篇小説『罪と罰』（一八六六年）の主人公ラスコーリニコフのように、これを拒絶することへの明確な意志を具えた者、あるいは、アルベール・カミュ（一九一三～一九六〇年）の代表作『異邦人』（一九四二年）の主人公ムルソーのように、特殊な心理状態に陥った者に限られていました。だからこそ、歴史と信仰によってあまりにも重い価値を与えられてきたこの合意を斥けるためのラスコーリニコフの内面の戦いがドラマとなり、ムルソーの裁判が人生の「不条理」の表現になりえたのです。

さすがに、今のところはまだ、「人を殺すのはよくない」という一般的な合意が全体として廃棄される惧れはないかも知れませんが、それでも、この合意に例外を作ることは、決して困難ではありません。実際、この合意には、死刑や戦争などの形で、すでにいくつもの合理的な例外が認められています。さらに、具体的な——必ずしも反社会的ではない——標的を社会から排除するために「人を殺すのはよくない」という合意の例外が作られたこともあります。もっともよく知られているのは、ナチによるユダヤ人虐殺（ホロコースト）でしょう。現代の日本において、似たような事態が出現する危険がないとは言えないように思われます。

## ✝道徳的情報の必要性

さらに、たとえば「他人の敷地にゴミを投げ込むのはよくない」「家族と食事しているときに携帯電話をいじるのはよくない」などのもう少し小さいサイズの道徳的判断なら、合意形成のプロセスを経ることなくこれらが急に覆る可能性はいくらでもあります。実際、「他人の敷地にゴミを投げ込むこと」あるいは「家族と食事しているときに携帯電話をいじること」が好ましくないという主張は、社会的な合意としての地位を失いつつあるように思われます。

私は、学校教育における「道徳」の「教科化」が望ましいとは考えません。学校は、児童と生徒を勉強させる場であり、生活指導の場ではないからです。

ただ、それとともに、私は、社会において通用している規範に関し、「このようなふるまいは好ましいと普通には考えられている」「このようなふるまいは避けるべきであるという暗黙の合意がある」などの形で記述される「道徳的情報」を早い段階で身につけることが必要であるとも信じています。というのも、このような道徳的情報を持たぬかぎり、規範に従うことができぬばかりではなく、規範を自覚的に侵犯したり批判したりすることもまた不可能だからです。

規範に従うことは、規範に実際に従っているという自覚のもとで初めて善と見做されます。実際の行動が規範に抵触するものではないとしても、規範がその都度あらかじめ参照されていなければ、これは、善をなしていることを意味しません。善にコミットするために、いや、それ以上に、普通には悪と信じられていることにあえてコミットすることが可能になるために、道徳的情報の獲得は、誰にとっても避けて通ることの許されぬものであると私は考えています。また、道徳は、全体として時間の経過とともに少しずつ変化するものですが、この変化を意義あるものとするためにもまた、道徳的情報は欠かすことができないものとなるに違いありません。

## †伝統を気楽に無効にすることは許されない

家族との食事中に携帯電話をいじるのは、一般的には好ましいことではありません。なぜなら、食事というのは、単なる栄養補給作業ではなく、本質的にコミュニケーションだからであり、しかも、空間を物理的に共有することによって成り立つ原始的なコミュニケーションだからです。プラトン（『国家』）、アリストテレス（『政治学』）、カント（『実用的見地における人間学』〈一七九八年〉）、そして、ジンメル（一八五八〜一九一八年）（「食事の社会学」〈『橋と扉』〔一九五七年〕所収〉）などはいずれも、「ひとりの食事」――カントの言葉を使うなら「食卓の独我論」（solipsismus convictorii）――の非人間的な性格を指摘し、これが本来の意味における食事の要件を満たすものではないことを主張します。

たしかに、携帯電話をいじることは、コミュニケーションの一種ではあります。ただ、これは、本来の、つまり、直接の対話によるコミュニケーションを代理するものにすぎず、目の前にいる相手とのコミュニケーションとくらべ優先順位の低いものであることは間違いありません。それゆえにこそ、子どもは、携帯電話の向こうにいるはずの相手のところには行かず、家族と食卓を囲んでいるわけです。携帯電話の向こうにいる相手の方が目の前にいる家族よりも重要であるなら、子どもは、家族と食卓を囲むのではなく、どのような妨害に遭おうとも、席を立ち、この相手のところへと出かけて行くはずです。

このような点に関しよく見かけるのは、「情報技術の発達によってコミュニケーションの性質が変化したから、伝統的に受け入れられてきた考え方は無効になった」という意見です。たしかに、情報技術は、私たちの生活に少なからぬ変化を惹き起こしました。ただ、情報技術が発達したからと言って、人類がながい歴史の中で価値を与えてきた多くの洞察に対し気楽に一方的に無効を宣言することが許されるわけではなく、情報技術とともに何もかもが変化したわけでもありません。情報技術の影響を過大に評価する時期は終ったと私は考えています。

そもそも、ソーシャル・メディアを手段とするコミュニケーションは、生身の人間を当事者として想定しなければ成り立ちません。サイバースペースにおけるコミュニケーションは、現実の世界に何らかの仕方で確実に投錨されることにより辛うじて意味を持つもの、非常に不安定なものであることは、誰にとっても否定しがたい明白な事実であるはずです。

## †規範を理解することの意味

子どもが身につけなければならないのは、「正しいふるまい方」ではありません。規範は、教室での勉強によって身につくようなものではないからです。むしろ、道徳教育というのは、①何よりもまず、「何が正しいふるまい方であると世間では認められているか」という点に関するものでなければならず、②次に、規範に反するふるまいには、周囲の同意を得られるような理由が必要であるという点、つまり、社会生活における「ゲームの規則」の作り方に関するものでなければならないと私は考えています。これら二つは、民主主義社会で生きるために必須のものであるに違いありません。

道徳の教科化という政策の背後にどのような意図が隠れているのか、これは、事情に通じていない私には想像することもできませんが、ただ、一般的に言うなら、道徳が何らかの教科として教えられるかぎり、それは、規範に関する知識、社会生活に関するティップス、いわば初歩的な「世渡りの智慧」へと否応なく収束せざるをえないでしょう。もちろん、基本的な道徳的情報というものは、家庭においてあらかじめ授けられているはずのものではありません。しかし、この役割を家庭に期待することができない場合、家庭に代わり、学校が「道徳的情報」を覚え込ませる仕事を引き受けることになるとしても、これは、社会の解体を防ぐためにはやむをえないことであるように思われます。

ラスコーリニコフは、規範の意義を十分に理解し、その上であえてこれを侵犯しました。これに反し、現代の日本では、社会の基盤となる規範の意味を理解せず、これに同意することもなく、さらに厄介なことに、新しい規範を提案するわけでもない人間が多数を占めています。そして、日本の社会における規範をめぐる状況の変化とともに、何の覚悟もともなわぬ気分、雰囲気、「空気」の影響力を無視することができなくなりつつあります。私自身は、これを一種のアノミーとして否定的に受け止めていますが、ただ、このような状況に「自由」を認めてこれを肯定的に受け止めることは不可能ではありません。たしかに、これは、意見の分かれる点でしょう。

## †「感情の科学」はなぜダメか

さて、感情に関する科学的な理解というものは、感情をめぐる情動主義的な見方に全面的に依存しています。感情を情動主義的に把握しないかぎり、換言すれば、入力と出力の他はさしあたり何もわからないブラックボックスとして感情を受け取らないかぎり、科学が感情に接近する道はありません。

哲学者たちが感情を主題的に取り上げるとき、注意が主に向けられてきたのは、感情と価値判断の関係でした。ヒュームに起源を持つ（と普通には認められている）情動主義を支持する少数の哲学者を除き、あるいは、アリストテレスの『弁論術』のように不特定多数の人間を一度に説得する技術が問題となる場合を除き、感情と行動の関係が重要なテーマとして姿を現すことはありませんでした。なぜ感情と価値判断なのか、この点については説明が必要であるかも知れません。

とはいえ、感情と価値判断の関係が哲学において重要であることの理由が問われねばならぬとするなら、これと同じように、いや、これ以前に問われねばならないことがあります。それは、哲学の外の世界において、つまり、感情の通俗的、科学的な見方において、行動との関係がなぜそれほど重い意味を与えられてきたのかという点です。感情は、行動に影響を与え、行動を左右し、行動を迷わせ、行動を誤らせる可能性のあるものとして私たちの視界にまず現れます。感情のこのような見方は、常識と溶け合っており、「当たり前」のものという印象を与えます。

しかし、少し冷静に考えると、これは、決して「当たり前」ではありません。少なくとも、これを「当たり前」として受け止めるかぎり、感情について何かがわかることは期待できないでしょう。通俗的、科学的な「感情」観は、「当たり前」のことを「当たり前」として記述することにより、真相の吟味に決然とした態度を必要とするものからなぜか目を逸らし、これを「大したことがないもの」「つまらないもの」であるかのように機械的に「分析」し「説明」し「処理」し「制御」し「操作」するからです。

感情の意味は行動との関係において明らかになるという主張は、決して自明のものではありません。むしろ、これから述べるように、行動との関係というパースペクティヴで感情の意味を問うことは、感情の本質を覆い隠し、感情をめぐる了解から豊かさを奪い、その結果、感情の意味を手がかりとする自己了解、自己認識を阻碍するもの、本質的に転倒した問いかけであると私は考えています。

## †「感情の科学」モデル

感情をめぐる素朴な常識、そして、この常識を前提とする心理学、社会心理学、行動経済学、精神医学などが前提とする見方はいずれも、前に述べたように、「感情の科学」というモデルに還元可能なものです。このモデルは、感情を科学的に主題化するときに用いられる共通のテンプレートのようなものであり、次の二段階の操作を内容としています。

まず、ⓐ多くの人間のもとで一般的に観察することのできる特定の行動（殴る、蹴る、引っ掻く）、発言（「キャベツ野郎！」「田舎者！」「田吾作！」）、身体的な反応（顔の紅潮、血圧の上昇、発汗）などを要素とする集合を漠然とした常識を手がかりに設定し、この集合に「怒る」の名を与えます。集合「怒る」は、「怒り」という名の感情の出力の集合です。

次に、ある人間Aに対し何らかの情報や刺戟を入力として与え、この入力に対応する出力を観察します。入力$P_1$に対応する出力$Q_1$が集合「怒る」の要素の一つであるなら、「Aさんは怒っている」と見做され、それとともに、Aが「怒り」という感情を心に抱いていると推測することが許されます（ただ、この$Q_1$が集合「怒る」の要素であるとともに他の集合、たとえば集合「悲しむ」の要素でもある可能性はあります）。

このモデルに従うかぎり、感情のあいだの性格の差異というものは、出力の集合のあいだの差異として規定されます。つまり、感情は、出力の違いによってのみたがいに区別されるものとなります。集合「怒る」に分類される一群の出力が確認されるなら、「Aさんは怒っている」ことになり、Aの心には「怒り」の感情があると想定することが可能になります。同じように、集合「悲しむ」にのみ属する出力のいくつかが認められるとき、

「Aさんは悲しんでいる」と見做され、その背後に「悲しみ」があるという予想が成り立ちます。集合「怒る」と集合「悲しむ」は、いくつかの要素を共有しているかも知れません。そして、出力として確認されるのが両者に共通の要素のみの場合、「Aさんは怒っているのか悲しんでいるのかわからない」ことになるのでしょう。

さらに、ⓑ特定の出力を予想させるような複数の入力が「怒らせる」という名のもとで暫定的にまとめられ、実際の入力がどのような出力に対応するか、つまり、「怒らせる」という入力の集合が「怒る」という出力の集合に予想どおり対応しているかどうかを観察します（入力と出力の関係が一対一であることは稀であり、大抵の場合、ワンセットをなす複数の入力が、やはりワンセットをなす複数の出力に対応させられます）。

このような関係を観察するうちに、ある出力$Q_1$とのあいだにもっとも明確な相関関係が認められるのが――つまり、Aをある仕方で怒らせるのにもっとも効果的なのが――$P_1$、$P_2$をこの順序で入力することである、あるいは、$P_3$だけを入力すると$Q_2$（たとえば特定の表情）、$Q_3$（たとえば特定の発言）がこの順序で出力するが、$P_4$だけを入力しても、同じように$Q_2$、$Q_3$がこの順序で出力し、両者のあいだに区別は認められないこと……、などが少しずつ明らかになります。これらのデータを積み重ねることにより、入力の集合「怒らせる」の要素のあいだの関係、そして、出力の集合「怒る」の要素のあいだの関係もまた私たちの前に姿を現します。

## †「感情の科学」は知的パズルにすぎない

「感情の科学」では、入力の集合「怒らせる」は、データの蓄積とともにとどまることなく輪廓を変えて行くに違いありません。これに反し、出力の集合「怒る」の要素の輪廓は、怒りの新たな徴候が発見されないかぎり、全体としては固定され、変化することがないでしょう。なぜなら、これは、怒りをめぐる常識的な観察、いわば「前科学的」な観察にもとづいて決められるものだからです。

感情を主題的に取り上げることを標榜するいくつかの学問分野は、出力の性質の差異のみにもとづいて他から区別されます。たとえば、経済現象に関係するものに出力の範囲を限定して入力を観察するとき、ここには「行動経済学」の一部をなすものが成立し、観察すべき出力の範囲を社会生活全般に拡大することにより、これは、「社会心理学」に属する研究となります。

「感情の科学」とは、感情に関する通俗的な見方を前提として、これを精密に記述しなおす作業のモデルであり、この作業は、最終的にはもとの通俗的な見方へと還帰せざるをえません。「感情の科学」には、感情の通俗的な見方を追認することしかできず、真相を明らかにすることは不可能なのです。

「感情の科学」の目標は、どのような条件のもとでAが怒るか、あるいは、同じことですが、どのような条件のもとでならAが怒らないかを明らかにすることに尽きます。少し抽象的に言い換えるなら、「怒り」の表現として漠然と承認されている何らかの出力が観察されるための条件を記述するのが「感情の科学」であることになります。分析の手法を洗練させることは可能ですし、補助的な概念枠が導入されることもあります。また、「感情の科学」を一部とするさらに複雑なモデルを作ることもできるでしょう。それでも、感情を「科学的」に解明する試みは、基本的には、「感情の科学」のモデルの内部における入力と出力の組み合わせのパズルでしかありません。

しかし、このような知的パズルの結果として入力と出力の複雑な関係が明らかになり、入力と出力を結ぶこの複雑な関係の全体が「怒り」であり「悲しみ」であり「悦び」であると言われても、これは、私たちの目には、感情をめぐる素朴な実感からは乖離したものと映ります。感情というのは、具体的なものだからであり、「感情」という言葉が示すように、実際に体験されることにより意味を与えられるはずのものだからです。

勝負に負けて悔し涙を流す、地団太を踏んで失敬な相手への怒りを表現する、恋人に振られて茫然自失の状態になる、親しい人を亡くして悲しみの淵に突き落とされる、烈しい地震に遭遇して心の底から恐ろしい思いを味わう、落語を聴いて腹を抱えて笑う、息を呑むような美しい風景を前にして感嘆の叫び声を挙げる、さらに、自分の格好の悪さに気づき――太宰治(一九〇九〜一九四八年)ではありませんが――「わあと叫んで、そこらをくるくると走り狂いたいほど、恥ずかしい」(「乞食学生」)気持に襲われる……、このような経験こそ感情の経験であり、また、このような経験を大切にすることにより初めて人生は豊かなものになる、私はこのように信じています。

### †情動主義を前提とする「感情の科学」

これまで説明してきた感情をめぐる科学的な見方について、二つの点を補足します。

(イ)心理学や社会心理学では、「感情とは何か」という問に対する「科学的」な回答にはいくつかの種類が区分されています。たしかに、これらの区分には、相応の意味が認められるべきであるに違いありません。ただ、右に説明した「感情の科学」モデルを前提とする点では、これらの「学説」のあいだに本質的な違いがあるわけではありません。「学説」のあいだの差異というのは、入力の集合「怒らせる」の要素の性質をめぐる見解の差異、言い換えるなら、何を主な入力と見做すかという点をめぐる見解の差異にすぎないからです。

感情の入力には、さまざまなものを想定することが可能です。動作、脳のメカニズム、薬物、事実の観察、自然環境、遺伝、社会的環境……。そして、入力の集合「怒らせる」の主な要素をこれらのうちいずれに求めるかにより、「感情」の意味をめぐる「科学的」な立場は区別されることになります。

(ロ)感情の意味を「科学的」に問うことが「感情の科学」を完成させる作業に尽きるものであるかぎり、「感情の科学」は、「知覚の科学」「気分の科学」と連続したものであると考えねばならないことになります。これらをすべて合わせ、「『非合理的』な心的現象の科学」と呼ぶことも、不可能ではないかも知れません。というのも、入力と出力のあいだの関係のみに注意を向けるかぎり、感情、知覚、気分のあいだには何の差異もなく（感情を気分や知覚から区別する標識については、一八頁以下を参照のこと）、したがって、「感情の科学」には、感情を知覚や気分から区別することができないからです。

科学的研究がこれらのあいだに何らかの仕方で区別を試みるとしても、この区別は恣意的なものにとどまらざるをえないでしょう。このような区別は、「感情の科学」にとっては不要なものだからです。感情、知覚、気分、これら三者の差異とは、入力の性質の差異であり、さらに、出力の確からしさの差異にすぎないのです。

感情の意味を「科学的」な仕方で、つまり本質的には自然現象として明らかにする試みは、感情について何かを語っているように見えながら、実際には、感情は、正体のよくわからないもの、ブラックボックスとして、しかし、行動に影響を与える可能性があるらしい何ものかとして想定されざるをえません。そして、これが情動主義の根本的な考え方です。感情をめぐる通俗的、科学的な見方は、情動主義を暗黙のうちに前提とするものであると考えることができます。

## †「よい」という特殊な述語

ここから、情動主義の内容について、少し立ち入ってお話しします。

日常生活の中では、何らかのモノやコトを観察し、これについて「よい」「悪い」を判断することが少なくありません。「よい」「悪い」、あるいはこれに似た表現を述語とする判断（＝文）は、「価値判断」と呼ばれます。価値判断を代表するのが、道徳的な善悪に関する文、つまり、道徳的判断です。

たとえば、「混雑した電車の中で老人に席を譲るのはよいことである」というのは、道徳的判断であり、したがって、価値判断の一種と見做されねばなりません。そして、「よい」「悪い」を述語とする文、つまり価値判断が「あそこで跳ねているウサギは白い」のように事実を中立的に報告する文――これを「事実判断」と呼びます――から区別されるのは、価値判断がある厄介な性格を具えているからです。

「あそこで跳ねているウサギは白い」という文を口にするとき、私たちは、「白」という性質がウサギに属していること、これが観察によって誰にでも確認しうるはずの性質であることを前提としています。この文を耳にするときにもまた、私たちは、同じような了解をその都度あらかじめ受け入れています。

これに対し、「混雑した電車の中で老人に席を譲るのはよいことである」の場合、「よい」という性質と「混雑した電車の中で老人に席を譲る」行動のあいだの関係は曖昧です。少なくとも、万人がこの行動の「よさ」を観察によって確認することができるわけではありません。問題の行動は、「老人を大切にするのはよいことである」という――これ自体もまた証明されているとは言いがたい――一般的な価値判断を根拠として間接的な仕方で「よい」と評価されているにすぎないと考えるのが自然です。「よい」という性質がこの行動に最初から具わっていると想定することは容易ではありません。

「あそこで跳ねているウサギ」と一体となっている「白い」という性質は、事実を直接に指し示すことにより誰もが確認しうるものです。白という色の与える印象が人によって区々であるとしても、白が視覚的に他の色から区別され、他ならぬ白として識別されるための物理的な条件が記述されるのなら、つまり、「白い」の定義が明確であるなら、「あそこで跳ねているウサギ」の色に「白い」という言葉を対応させることは誰にでも可能です。これに反し、「混雑した電車の中で老人に席を譲る」行動に認められる「よさ」は、誰によっても観察可能であるわけではありません。ウサギが白いことは観察可能であり、このかぎりにおいて、「白い」は、自然的な述語です。これに対し、「よい」は、観察によっては把握することのできない非自然的な述語と見做されねばならないでしょう。

## †親切は「よい」とはかぎらない――自然主義的誤謬

ただ、「混雑した電車の中で老人に席を譲る」行動に「よい」という性質が具わっているわけではないという主張は、私たちの素朴な直観に対立するものであり、次のような反論を避けることができません。「老人に席を譲ることは、老人に対する親切なのだから、このかぎりにおいて、『よい』行動であると言うことができる。」

あるいは、次のような反論も可能でしょう。「すべての乗客は乗客らしくふるまうことが義務であり、乗客らしくふるまうことは『よい』ことである。ところで、混雑した電車の中で老人に席を譲ることは、乗客らしいふるまいの一つである。したがって、老人に席を譲ることは『よい』ことである。」

しかし、ある事柄が有用であり、幸福の原因となる場合が多いからと言って、これが必然的に「よい」ものであるということにはなりません。二〇世紀の分析哲学は、あるモノやコトに認められる「有用」「快い」などの特定の自然的な性質を「よい」に置き換えることの不可能を繰り返し主張し、このような試みを「自然主義的誤謬」（naturalistic fallacy）を犯すものとして斥けてきました。「よい」は、自然的な述語ではなく、他の述語から孤立した特殊な性質を具えたものと見做されてきたのです。

## †善悪は自明ではなく、その価値評価は心のうちにある

「よい」という性質が対象に具わるものではないとするなら、「よい」「悪い」という価値評価は、評価する私たちの方が対象に与えるものと考えざるをえません。善悪の基準は、私たち一人ひとりの心のうちに求められねばならないことになります。

「よい」「悪い」が事柄に属する性質であるなら、たとえば、誰かがネコにガソリンをかけてこれを燃やそうとしている――これは、ギルバート・ハーマンの著作（『哲学的倫理学叙説　道徳の〈本性〉の〈自然〉主義的解明』大庭健、宇佐美公生訳、産業図書）で使われていた例です――のを目撃し、私が「それはよくないことだ」という文を口にするとき、「よくない」という述語は、ネコにガソリンをかけてこれを燃やす行動の性質、多くの人が同じ行動に認めるような性質を記述するものとして理解されねばなりません。

ところが、ネコにガソリンをかけてこれを燃やす行動が中立的であり、「よい」ものではなく「悪い」ものでもないとするなら、そして、善悪の基準が私の内面に属しているとするなら、「それはよくないことだ」という文を口にすることにより、私は、自分が目撃している出来事に対する感想を表明しているにすぎないことになります。

とはいえ、事柄の価値に関するすべての言明が、事柄の「客観的」な性質の表現ではなく、当の事柄に対する私の態度、感想の表現であるとしても、私の内面にあるはずの善悪の基準なるものが普遍妥当的であり、いつでもどこでも誰にとっても成り立ち、誰でも同じ基準を共有しているのなら、ここには何の問題も認められません。たとえば、カントが『実践理性批判』（一七八八年）において強調したように、善悪の判断が経験に依存するものではなく、万人にひとしく与えられている「実践理性」によって把握され現実へと適用される普遍妥当的な「道徳法則」のようなものに基礎を持つなら、ネコにガソリンをかけてこれを燃やす行動が「よい」ものとして受け取られる余地などないでしょう。「よい」「悪い」が態度の表明にすぎぬことを認めるとしても、現実には、この行動に「悪い」という性質が属していると想定するのと同じであることになります。

### †「よい」「悪い」は感嘆符にすぎない!?——情動主義による倫理学批判

ところが、「よい」「悪い」の正体を考えるにあたり、万人にひとしく具わる実践理性のようなものを想定することが許されない場合、問題は、急に面倒なものになります。というのも、誰かがネコにガソリンをかけてこれを燃やそうとしているのを目撃し、「それはよくないことだ」という文を私が口にするとき、これは、「私はそういうことが嫌いだ」という個人的な感想の言い換えにすぎぬものとして理解しなければならないからです。価値判断の本質が合理的な根拠を欠いた単なる「好き」「嫌い」の婉曲表現であるなら、価値判断とは、真でもなく偽でもないもの、正しいかどうかを問うことに何の意味も見出すことのできぬもの、まったく恣意的な態度の表明となってしまいます。

「好き」「嫌い」には真も偽もない、つまり、感情には真も偽もない、だから、価値判断にも真偽の区別はない、これが情動主義の基本的な考え方です。情動主義において感情と呼ばれているのは、基本的には「好き」「嫌い」の二種類に還元されるようなものであり、しかも、情動主義に従うなら、「好き」「嫌い」は、最終的な審級であり、これ以上遡ることは不可能となるでしょう。

二〇世紀前半における情動主義を代表するイギリスの哲学者エイヤーは、『言語・真理・論理』（一九三六年）において、みずからの立場を説明します。

エイヤーによれば、最初に問われなければならないのは、道徳的判断を含む価値判断一般について真偽を問うことが可能かという点です。エイヤーに従うなら、「よい」「悪い」などを述語とする文（＝価値判断）と、事実の報告を内容とする文、つまり事実判断の区別――これは、一六八ページで説明しました――を前提とするとき、価値判断について真偽を問うことが可能となるためには、これを同じ意味を持つ事実判断に置き換えることができなければなりません。

しかし、エイヤーは、価値判断を事実判断に翻訳することは不可能であると断言します。というのも、「よい」「悪い」という述語は、エイヤーの言葉を使うなら「規範的な倫理的記号」であり、経験的な事実の表現ではないからです。エイヤーは、これらの述語が「客観的な有効性」を欠いているばかりではなく、これらの「有効性をテストする基準」すら、私たちには欠けていると言います。

エイヤーの見解が妥当なものであるなら、私が「ネコにガソリンをかけてこれを燃やすのはよくない」という価値判断を口にするとき、この文の一部をなす「よくない」は、「ネコにガソリンをかけてこれを燃やす」という文を口にするときに私の心に生れる憐れみと嫌悪を表すにすぎないことになります。エイヤーは、これについて、事実を報告する文に「特別な感嘆符を加えて書いたのと同じ」と語ります。感情とは事実判断の最後に付け加えられた感嘆符のようなものであり、価値判断とは感情を表現する符号をともなう事実判断にすぎないというのが、エイヤーに代表される情動主義の基本的な考え方です。

さらに、エイヤーに従うなら、たとえば「ネコにガソリンをかけてこれを燃やすのはよくない」という文が価値判断であることは、これが感情についての文であることを意味しません。言い換えるなら、これは、「ネコにガソリンをかけてこれを燃やす」ことの善悪を語る文として理解されてはならないことになります。というのも、この文が善悪を語るものであることを認めると、これが私たちの「内面」を報告する文、つまり一種の事実判断であることをただちに認めざるをえなくなってしまうからです。

もちろん、「ネコにガソリンをかけてこれを燃やすのはよくない」という価値判断が本当は内面に関する事実判断であるなら、このかぎりにおいて、この文の真偽を問うことが可能であることになります。これは、情動主義にとっては是非とも避けなければならない帰結です。そこで、エイヤーは、このような文に代表される道徳的判断、また、道徳的判断を含む価値判断一般は、感情についての文なのではなく、感情に刺戟されて作られた文にすぎないことを主張します。そして、この主張を前提とするなら、私が「ネコにガソリンをかけてこれを燃やすのはよくない」という文を口にするとしても、これを孤立した形で眺めているかぎり、この文を口にすることにより私が表現することを目指していたはずの感情は、伝達することも表現することもできないことになります。これが、「価値の問題について論じることは不可能である」とエイヤーが断言する理由です。

## †情動主義がたどりつく結論

とはいえ、情動主義が徹底されるなら、感情を「好き」と「嫌い」へと区分すること、換言すれば、感情に肯定的なものと否定的なものを区別することすら不可能となるはずです。感情を二種類に区分することができるという主張は、特定の発話、声の調子、身振りなどが肯定的な感情の表現であることが保証されており、同じように、否定的な感情が必ず否定的な形で表現されると信じられているかぎりにおいて意味を持ちます。しかし、エイヤーが主張するように、感情と表現のあいだに必然的な結びつきが認められないのなら、承認の表現を非承認の感情の反映と解釈することも不可能ではなくなってしまいます。

たとえば、ネコにガソリンをかけてこれを燃やすことについて、これに否定的な感情を持つ人は、「ネコにガソリンをかけてこれを燃やすのはよくない」と語ることにより「非承認」の感情を表現するはずです。しかし、情動主義に従うなら、形式的には、「ネコにガソリンをかけてこれを燃やすのはよくない」という文を、ネコにガソリンをかけて燃やすことへの同意の表現として理解することが許されることになってしまいます。

「情動主義」(emotivism) という名称は、この名称を与えられた立場が「感情」を判断の重要な契機と見做すものであるかのような印象を私たちに与えます。しかし、情動主義を徹底するなら、発話、声の調子、身振りなどから区別された「感情」なるものは、もはや肯定的であるとも否定的であるとも決められないもの、それ自体としては性質を欠いた正体不明のものになります。言い換えるなら、判断の背後に想定された「感情」なるものは、「オッカムの剃刀」により切り落とされるべきもの、つまり余計な仮説と見做されなければならないでしょう。

## †顔文字は「自転車の補助車輪」である

ところで、エイヤーによる情動主義の説明をここまで辿ってきた人の中には、価値判断が事実を報告する文に「特別な感嘆符を加えて書いたのと同じ」というエイヤーの説明を耳にして、「顔文字」を想起した人がいるかも知れません。念のために説明しておくと、顔文字というのは、表情や心の動きを表すために特定の順序で組み合わせられた文字と記号であり、一般に「アスキーアート」(ASCII art) と呼ばれるものの一種です。

たとえば「(^-^)」の五つの記号が連続的に排列されていれば、これは笑顔を表します。

「(T_T)」の五つの記号がこの順序で排列されることにより、泣いている人の顔が表されます。落胆を表現するときには、「_|￣|○」「orz」などが用いられるようです。これは、床に膝と手を突いてうなだれている人を横から眺めた姿を図案化したものであると普通には考えられています（ただ、厳密には、これは「顔」ではありません）。このような記号の使用のうちに、エイヤーが言及した感嘆符の末裔を見出すことが可能です。

　顔文字は、電子メール、ネット上の掲示板、ソーシャル・メディアなどを用いたサイバースペースにおけるカジュアルな意思疎通において補助的に使われています。したがって、大人のあいだで成り立つ平均的で生産的なコミュニケーションの場面に顔文字が姿を現すことはありません。また、手書き文字によるコミュニケーションの場面で用いられることはなく、右に掲げたような仕方で縦書きされることもまた、想定されていません。英語では、日本語の「顔文字」という言葉に対応するものとして emoticon という名詞が使われます。顔文字は、「感情」(emotion) を表現する補助的な「図柄」(icon) として認められているのです。

　文字を媒介とする他人とのコミュニケーションにおいて顔文字を必要とするというのは、大人になっても補助車輪つきの自転車に乗り続けているようなものであり、言語使用の能力の面での人間の退化、幼稚化の徴候以外の何ものでもないと私自身はひそかに信じています。しかし、サイバースペースを行き交う文字情報のうち無視することのできない割合が顔文字によって占められていることは事実であり、実際、顔文字の使用規則は、社会言語学や社会心理学のテーマとなりつつあるようです。

とはいえ、顔文字は、「顔文字」という名称に反し、本来の意味における文字としての資格を持つものではありません。というのも、文字が文字であるためには、意味と発音の両方が具わっていなければならないのに、顔文字には意味（あるいは用法）のみがあり、発音が欠けているからです。

たとえば「(^-^)」に決まった発音があるのかどうか、私は知りませんが、顔文字が発音を持たぬまま、それでも文字として使用されているなら、これは、特異な言語現象として受け取られねばならないでしょう。顔文字は、漢字とは事情が異なります。漢字の場合、同じ一つの漢字に対し、たとえば日本語と中国語で異なる発音が割り当てられているのが普通です。しかし、漢字の場合、意味と発音が一対一に対応していないだけであり、発音が欠けているわけではありません。この点において、発音を最初から持たない顔文字が「文字」の名に値するかどうかということは、それ自体として面白い問題になるはずです。

## †情動主義と素朴な常識は似ている

情動主義に従うかぎり、「なぜ好きなのか」「なぜ嫌いなのか」を合理的な仕方で説明することは不可能であり、価値判断は、いかなる合理的な推論にも支えられてはいません。すべての価値評価は、舞台の書き割りのように奥行きも裏側もない「好き」「嫌い」の反映と考えねばならないことになります。

とはいえ、価値判断について、また、感情について、情動主義のこの不思議な主張が私たちの素朴な常識に合致する場合がないわけではありません。たとえば、料理が話題になるとき、「おいしい」「まずい」などの表現を使う機会があります。これは、価値判断の一種として理解されねばならないものです。さらに、私がある料理について「おいしい」と言うとき、この「おいしい」は、料理に具わる性質を「客観的」に表現するものであるというよりも、個人的な感想にすぎないものと見做されるのが普通です。つまり、この場合の「おいしい」は、「好き」の言い換えと見做すことが可能です。

私が「マクドナルドのハンバーガーはおいしい」と言うなら、この発言は、「清水さんの味覚って幼稚なのね」という、私にとってはありがたくない反応を周囲に惹き起こすでしょう。ただ、それでも、私のこの発言が、たとえば「『マクドナルドのハンバーガーはおいしい』という文は偽であり、『マクドナルドのハンバーガーはまずい』が真である、なぜなら……」などという反論を惹き起こす心配はありませんし、私が「おいしい」「まずい」をめぐる「合理的」な議論に巻き込まれる危険もありません。況して、面倒な議論の結果として、「マクドナルドのハンバーガーはまずい」が真であることが証明される可能性を想定し怖れる必要などありません。

絵画、文学、音楽などの好みについてもまた、事情は同じです。「アルフォンス・ミュシャが好き」「宝塚が好き」「松任谷由実が好き」「『ALWAYS 三丁目の夕日』が好き」「ディズニーランドが好き」などと言えば、このような好みが高級ではなく、前衛的でもないことは確実ですから、場合によっては、「低俗だね」という否定的な反応に出会うことになるでしょう。とはいえ、それでも、「好き」「嫌い」をめぐるこれらの判断に関し真偽が問題になることはありません。「味と色については議論すべきではない」(De gustbus et coloribus non est disputandum)という古代ローマの有名な格言のとおり、「味覚」(taste)を含む広い意味における「趣味」(taste)をめぐる価値判断が情動主義に適合するというのは、誰でも容易に想像することができることのように思われます。情動主義には、

「説得によって感情を変えることは難しい」という私たちの素朴な常識を基礎とする側面があることは確かなようです。

ただ、本当は、趣味判断の正体を明らかにする作業は、料理、ファッション、藝術などをめぐる言説に姿を現す主観的な「好み」の問題にとどまるものではありません。カントが『判断力批判』(一七九〇年)において暗示したように、さらに、アーレントが『カントの政治哲学講義』においてエクスプリシットに指摘したように、趣味判断は、共同体の基礎の問題と表裏をなすものとして理解すべきものであり、本質的には公共性の問題として受け止められるべきものなのでしょう。この点については、本文の最後で説明します。

**†価値判断が「好き」「嫌い」の言い換えにすぎないならば……**

しかし、情動主義を「趣味判断」に関する制限された立場として理解するのではなく、すべての価値判断に妥当する一般的な枠組としてこれを受け取ると、これとともに、ある不思議な光景が姿を現します。価値判断が「好き」「嫌い」の回りくどい言い換えにすぎないなら、これに賛成したり、反論したりすることには何の意味もないことになってしまうからです。

たとえば、「捕鯨はよくない」という文は、有意味な道徳的判断として受け止められるのが普通です。しかし、情動主義に従うなら、これは、「嫌い」の婉曲表現であり、合理的な根拠を持たぬ「うへ」「おえ」「うっ」などの動物的な叫びや呻きをただ引き伸ばしただけのものになります。「うへ」「おえ」「うっ」などという意味不明の声を挙げている人に向かって賛成や反対を表明するなど無駄なことであり、何を耳にしても、ただ「お大事に」と答える以外に道はないでしょう。情動主義に従うかぎり、捕鯨に反対する人々の言葉の背後にあるはずの理由を推測することなど可能ではなく、必要でもないことになります。

もちろん、私たちは、現実には、右に掲げたような道徳的な主張を動物的、刹那的な「好き」「嫌い」の表現として理解しているわけではありません。「捕鯨はよくない」という主張に同意するとしても、あるいはこれに反対するとしても、私たちは、こうした主張を何らかの理由にもとづく合理的な意見としてその都度あらかじめ受け取っているか、あるいは、少なくとも、合理的な意見として受け取るよう努めています。「善意の原理」(principle of charity) をめぐるクワイン(一九〇八~二〇〇〇年)の指摘を俟つまでもなく(『言葉と対象』〈一九六〇年〉)、相手が何か合理的な根拠にもとづき有意味なことを伝えようとしているらしいと想定することこそ、すべてのコミュニケーションの前提となる態度だからです。理解可能な前提にもとづくものとして受け入れる決意がなければ、相手の主張に同意したり反論したりすることには何の意味もなくなるでしょう。情動主義は、価値判断をめぐる私たちのこのような素朴な常識に反するもの、簡単には支持することのできぬものであることがわかります。

## †ヒュームにおける情念（passion）――感情の受動性について

ここから、情動主義の源流であると一般に認められているヒュームの立場を簡単に説明します。前に少しだけお話ししたように、ヒュームは、感情に言及するとき、emotion という言葉を使いません。いや、厳密に言えば、emotion という言葉が使われていないわけではないのですが、ただ、ヒュームが emotion について語るときに想定されているのは、「感情」ではありません。これは、以前に説明したマルブランシュでもほぼ同じです。

ヒュームが emotion に代わり主に使うのは、デカルト、マルブランシュと同じ passion という古典古代以来の伝統を反映する表現です。現在の英語で感情を意味する名詞 emotion は、一六世紀以降に使われるようになったものです。これは、「本来の場所から位置をずらす」ことを意味するラテン語の動詞 emovere から作られてはいますが、ラテン語には対応する名詞を持たない新しい言葉でした（英語の emotion に対応すべき emotio なる名詞が古代と中世のラテン語にはないということです）。

ヒュームの著作の翻訳では、これもデカルトやマルブランシュと同じように、passion には「情念」という訳語を当てるのが普通です。また、ヒュームが現実に多くの言葉を費やしているのは、「情念」つまり passion であり、ここでは、ヒュームが「情念」について語った言葉を簡単に辿ることにします。

古代ギリシア語では、日本語の名詞「感情」が言い表している現象を指し示すのに、「パトス」（*pathos*）という言葉が用いられます。「パトス」は、「被る」ことを意味する動詞「パスケイン」（*paskhein*）の名詞形です。つまり、「パトス」のもともとの意味は、「受動的なもの」「受動性」であり、当然、この言葉は、感情ばかりではなく、感情を含む受動的なもの一般を指し示すために使われていました。感情が「パトス」と呼ばれていたという事実から、彼らが感情の本質を受動性のうちに見出していたことがわかります。

ギリシア語の表現に刻印されたこのような通俗的な理解、つまり、感情の本質を受動性に求める理解の拘束力は、感情をめぐる哲学者たちの理解にも及びます。感情が制御され克服されるべきものとして哲学史に姿を現すことの理由の一つは、この点にあります。単に受動的であるだけの存在など、物体と同じであり、いかなる意味でも好ましいものではないことは確かです。この点は、別の箇所で説明します（二〇六頁以下を参照のこと）。

プラトンとアリストテレスは、感情について、これを外部に原因を持つものとして把握します。また、彼らが用いた「パトス」という言葉は、キケロやセネカに代表されるローマの哲学者たちによりラテン語に翻訳されるにあたり、affectus、passio、perturubatio など、いずれも「外部から押しつけられ、内部の秩序を攪乱する災難」というニュアンスをにじませた表現によって置き換えられることになります。実際、感情をめぐるストア派の哲学者たちの理解は、言葉の背後にある通俗的な理解に全面的に依存するものです。

この意味において、ヒュームが感情を指し示すために用いた passion というのは、emotion、sentiment、sense、feeling など、当時の知的世界において passion と共存し競合していた他の名詞とくらべるなら、ギリシア語の「パトス」の正統な翻訳語であり、由緒正しい特別な表現であると言うことができます。

実際、ヒュームばかりではなく、ホッブズ、デカルト、ロック、マルブランシュなど、多くの哲学者がこの言葉を用いています（前に述べたように、スピノザだけは、他の哲学者とは異なる意味をこの言葉に与えます)。英語でも、他の西洋各国語でも、passionまたはこれと語源を共有する名詞は、感情を指し示す言葉であるとともに、新約聖書に記されたキリストの「受難」を表す言葉でもあります。この意味でも、passionは、精神史的な奥行きをめぐる含意とともに使われていたものとして受け止められるべきなのでしょう。

## †ヒュームは情動主義者か?——情念をめぐる立場

さて、前に簡単に述べたように、情念をめぐるヒュームの立場は、情動主義として理解することが可能な側面を具えているばかりではなく、ヒュームの手になるものには、情動主義とは相容れぬ要素もまた散見します。以前に示した大雑把な区分をここでふたたび用いるなら、ヒュームの立場は、「感情が価値判断に先立つ」——これが情動主義です——ことを主張するものであるように見えるとともに、「価値判断が感情に先立つ」ことの説明として受け取られねばならないようにも見えると言うことができます。そこで、ヒュームの情動主義的な側面をまず明らかにし、その後、彼の見解のうち、情動主義に反するように見える部分をごく簡単に確認します。

情念をめぐるヒュームの情動主義的な立場を簡潔に表現するのは、「理性は情念の奴隷であり、また、情念の奴隷であるべきである」（Reason is, and ought only to be the slave of the passions）という文でしょう。「情念の奴隷」という有名な表現を含むこの文は、彼の最初の著作であり主著でもある『人間本性論』に記されています（第二巻第三部第三節）。そして、「さまざまな情念について」（Of the Passions）という副題を与えられたこの著作の第二巻において、ヒュームは、情念の意味を主題的に取り上げます。ヒュームが情念の意味の説明のためにおびただしい文字数を費やしたことから、情念が彼にとり重要な位置を占めるテーマであったことがわかります。

ただ、ヒュームの記述には曖昧なところが多く、これをすべて理解することは容易ではありません。さらに、情念に関する記述がヒュームの認識論全体において占める位置もまた、必ずしも明確ではありません。ここでは、情動主義との関係において必要な最低限の論点を確認するにとどめることにします。

さて、ヒュームは、私たちの意識に現れるものを「知覚」（perception）と名づけ、これを「観念」（idea）と「印象」（impression）に区分します。観念とは、明瞭な輪郭を具えた概念や知識であり、「知性」（understanding）という認識能力によって把握されるものです。観念と知性の関係は、『人間本性論』の第一巻において主題的に取り上げられています。

これに対し、印象の方は、観念に先立ち意識に対して直接に与えられるものであり、観念は、この印象を再現したものとしての位置を与えられることになります。ヒュームは、この点を次のように説明します。

……最大の勢いと激しさを伴って精神に入って来る知覚を、「印象」と名づけることができる。私は、この名のもとに、心に初めて現れるわれわれの諸感覚、諸情念、諸情動のすべてを含める。「観念」という語で私が意味するものは、思考や推論に現われる、それら印象の生気のない像である。〔第一巻第一部第一節〈『人間本性論　第1巻　知性について』〔木曾好能訳、法政大学出版局〕〉一三頁〕

さらに、印象は、「感覚の印象」(impression of sensation)と「反省の印象」(impression of reflection)に区分されます。感覚の印象とは、外部から直接に与えられたものであり、「未知の原因から精神に原初的に起こる」ものと規定されます。これに反し、反省の印象というのは、外部に起源を持つものではなく、印象が観念へと変形されたのち、この観念を原因として発生する新たな印象を意味します。実際、ヒュームは、感覚の印象を「原初的印象」（original impression）と呼び、反省の印象の方には「二次的印象」（secondary impression）の名を与えます。

ヒュームは、この反省の印象こそ情念に他ならないと考え、『人間本性論』第二巻のテーマを反省の印象としての情念に限定します。

それでは、この反省の印象としての情念とは、具体的にどのようなものなのでしょうか。しかし、ヒュームは、反省的印象を全体として取り上げるのではなく、これをさらに細かく分類します。情念を取り上げるにあたり、ヒュームが導入する区分には、二つの段階があります。

### †穏やかな情念、激しい情念

まず、(A)情念は、「穏やかな情念」（calm passion）と「激しい情念」（violent passion）へと区分されます。ヒュームによれば、「穏やかな情念」というのは、「動作や構成やいろいろの外的事物に見られる美醜の感覚（sense）」であり、「激しい情念」の方には、「愛情と憎悪、悲しみ、悦び、誇り、卑下」が属しているとヒュームは言います。もちろん、両者の区分は、大雑把であるとともに通俗的であり、したがって、厳密に考えるなら、すべての具体的な情念が必ずいずれか一方に分類されるなどということはありません。

たとえば、ヒュームの大雑把な区分によれば、音楽を聴くことによって心に惹き起こされる情念は、「穏やかな情念」へと分類されるはずです。しかし、私がヴァーグナー（一八一三〜一八八三年）の「ヴァルキューレの騎行」を聴いて興奮しているとき、私の心の状態は、普通の意味における「穏やか」なものではないでしょう。すべての注意は音楽に向けられ、他の印象は心から締め出されているはずです。これに対し、マイルズ・デイヴィス（一九二六〜一九九一年）の「ブルー・イン・グリーン」（一九五九年）が私の心に惹き起こすのは、一種の落ち着いた気分のようなものであるに違いありません。このように、ある情念が文字通りの意味で穏やかであるか、あるいは、激しいものであるのかを原因にもとづいて決めることは容易ではありません。

ただ、ヒュームが穏やかな情念の説明のために用いた「美醜の感覚」という表現は、私たちに、これが主に趣味判断に先立つ情念であることを教えます。これは、以前に述べた藝術、料理、ファッションなどに関わるものであると考えるのが自然であるように思われます。そして、このことから、私たちがこの書物で主題的に取り上げている感情、つまり、道徳的判断と一体をなすものとしての感情が「激しい情念」に分類されていることがわかります。実際、ヒュームが穏やかな情念の説明に費やした文字数は、決して多くはありません。

## †ヒュームの直接的情念

次に、(B)ヒュームは、「激しい情念」を「直接的情念」と「間接的情念」へと区分します。実は、直接的情念と間接的情念の区別についてもまた、ヒュームは詳しい説明を遺していません。『人間本性論』に見出されるのは、次のような記述だけです。

さて、さまざまな情念を調べていくと、それらが「直接」(direct) 情念と「間接」(indirect) 情念に区分できることがわかってくる。直接情念ということで私が理解するのは、善悪、快苦から直接に生じるような情念である。間接情念ということで私が理解するのは、同じ諸原理(善悪、快苦)からではあるが、他の諸性質と結合することで生じるような情念である。この区別を私は今のところ正当化できないし、これ以上解明することもできない。私はただ一般的に次のように言うことができるだけである。私は間接情念の下に、誇り、卑下、野心、自負心、愛、憎しみ、妬み、哀れみ、悪意、寛大およびそれらに従属するものを含める。また、直接情念の下に、欲求、嫌悪、悲しみ、喜び、希望、恐怖、絶望、安心を含める。(第二巻第一部第一節〈『人間本性論　第2巻　情念について』〔石川徹、中釜浩一、伊勢俊彦訳、法政大学出版局〕六頁以下〉)

この一節ののち、ヒュームは、みずからが列挙した間接的情念の具体例の説明を試みます。「誇り」(pride)と「卑下」(humility)が成立するプロセスの記述から始まる具体的な間接的情念の説明は、『人間本性論』第二巻全体の半分以上を占めています。ヒュームにとり、間接的情念が重要な位置を占めるものであったことがわかります。

直接的情念と間接的情念のあいだには、どのような差異が見出されるのでしょうか。しかし、残念ながら、この点に関し、ヒュームの手になるもののうちに明確な説明を見出すことはできません。穏やかな情念と激しい情念のあいだの区別と同じように、直接的情念と間接的情念の区分もまた、暫定的、便宜的なものであると考えるのが自然のようです。ただ、次のような推測は許されるように思います。ヒュームが挙げる具体例を見るかぎり、「快楽」と「苦痛」に直接に結びつくもの、そして、対応する身体的な反応を持つものが直接的情念へと分類されていると考えることができます。実際、快いもの——たとえば「悦び」「希望」「安堵」——であるか、あるいは、反対に、不快なもの——たとえば「欲望」「恐怖」「絶望」——であるか、それ自体として判別することの容易なものが直接的情念に分類されています。したがって、直接的情念とは反対に「快楽」や「苦痛」との直接の結びつきを欠いている点、つまり、快いものであるかどうか、それ自体としては明らかではない点、これが間接的情念に共通の性格となるはずです。

ヒュームは、直接的情念を「意志」(will) とあわせて、行動の動機となるようなものの一種として主題的に取り上げます。この事実は、直接的情念が「快楽」「苦痛」と行動のあいだに発生する「遅延」のような感じとして捉えられていることを示しているに違いありません(ただ、情念の「直接性」「間接性」については、複雑な問題があります。この点に関する立ち入った解釈については、石川徹「ヒュームの情念論」〈『ヒューム読本』(中才敏郎編、法政大学出版局)所収〉および、同じ執筆者による『人間本性論 第2巻 情念について』〈石川徹、中釜浩一、伊勢俊彦訳、法政大学出版局〉の詳しい「解説」を参照のこと)。

## †ヒュームの間接的情念

直接的情念が快楽と苦痛という枠組に対応するもの、このかぎりにおいて単純なものであったのに対し、ヒュームは、間接的情念については、かなり複雑な仕組を想定します。すなわち、彼は、間接的情念に分類された情念が「原因」(cause)と「対象」(object)という二つの契機を必要とするものであると考え、いくつかの間接的情念について、みずから「観念と印象の二重の関係」(double relation of ideas and impressions)(第二巻第一部第五節)と名づける仕組を記述します。

ヒュームによれば、たとえば「誇り」は、次のような複雑なプロセスを経て発生する情念として理解されねばなりません。ⓐまず、「快い」(という印象)が心に発生します。ⓑ続いて、この「快い」(という印象)を惹き起こすものが「私の美しい家」(という観念)として特定されます。この「私の美しい家」(という観念)が誇りの「原因」です。ⓒさらに、この「私の美しい家」(という観念)が「連合」(association)によって「私」(という観念)に関係づけられます。ⓓ最後に、この「私」(という観念)を「対象」として、これに対応する何らかの印象――この場合は情念――が発生することになりますが、これは、「私の美しい家」（という観念）が惹き起こした「快い」（という印象）に似たものでなければなりません。そして、印象のあいだの「連合」にもとづいて、「快い」（という印象）が「誇り」（という印象）を引きずり出すとヒュームは理解します。ヒュームに従うなら、「私の美しい家」（という観念）を原因に持ち、「私」（という観念）を対象に持つ「誇り」（という印象）が、「快い」（という印象）に似たものとして心に姿を現すことになります。

そして、このような段階を経ることにより、「私の美しい家」（という観念）と「快い」（という印象）、「私」（という観念）と「誇り」（という印象）がそれぞれ「連合」という形で組み合わせられることになります。これが間接的情念の前提となる「観念と印象の二重の関係」に他なりません。

## †情念の根源性――すべての行動の基礎に情念がある

とはいえ、ヒュームのこのような説明が妥当であるとするなら、「快楽」や「苦痛」が消滅するとともに、これに類似したものであるという理由によって心に姿を現す間接的情念もまた消滅します。たしかに、情念は、何の原因もなく心に浮かぶものではないとしても、それとともに、合理的な推論を基礎としているわけではなく、ヒュームの言葉を使うなら、二つの印象のあいだの「連合」――自然な移行、結合、転換――そして、これらと対応する二つの観念のあいだの「連合」の結果として姿を現すものにすぎません。

情念は、合理的な推論の帰結であるかのような外見を具えてはいますが、実際には、この合理的な外見は擬制にとどまるものであるとヒュームは理解します。ヒュームに従うかぎり、情念は、何らかの知的操作の帰結ではなく、独立の現象となります。当然、情念には、真偽の区別はなく、理性との競合もありません。これが、感情をめぐるヒュームの見解が情動主義的であると見做される理由です。

ヒュームは、この点に関し、次のように断言します。

情念は根源的な存在である。あるいはそう言いたければ、根源的な存在の様態(modification)であり、これを、それ以外の存在や存在の様態の模像とするような、表象的性質は何も含んでいない。私が怒っているとき、私は現実にその情念(怒り)にとらわれているのであり、私がのどが渇いているとき、気分が悪いとき、身長五フィート以上であるときと同じく、私はその情動の中に、それ以外の対象との関係を持ってはいないのである。それゆえ、この情念が真理と理性に対立あるいは矛盾することは不可能である。この〔真理に対する〕矛盾とは、模像として考えられた観念し、観念が表象する対象との間の不一致に存するからである。（第二巻第三部第三節〈前掲書、一六三頁〉）

ヒュームが情念の「根源的」（original）な性格を強調するのには、次のような理由があります。ヒュームによれば、合理的な推論というものは、これをどれほど積み重ねても、特定の行動に結びつくことはありません。ヒュームに従うかぎり、「である」（be）（＝事実）から「べきである」（ought）（＝規範）を導き出すことは不可能となります。

理性だけでは、何の行為も生み出すことができず、また意志作用を生むこともできないので、この同じ能力（理性）は意志作用を妨げること、つまり、情念や情動と優先権を争うことも同じく不可能である、と私は推理する。（同右〈前掲書、一六二頁〉）

しかし、合理的な推論が行動──「選択」「意思決定」と言い換えた方がわかりやすいかも知れません──とは結びつかないというヒュームの見解を前提とするなら、すべての行動の基礎となる何らかの原因を、知性とは別に想定することが必要となります。そして、このような条件を満たす行動の原因としてヒュームが想定したのが情念です。

### †感情は道徳的判断である――ヒュームの論法

さらに、「よい」「悪い」に代表される道徳的判断は、私たちを行動へと導く重要な契機となるものですが、右に述べたのと同じ理由により、私たちを行動へと導くかぎりにおいて、道徳的判断は、合理的なものとは見做されえないことになります。つまり、道徳的判断は情念を基礎とするものと考えざるをえないわけです。これが、感情をめぐるヒュームの立場が情動主義に分類される理由です。

情念が理性を基礎とするものではない以上、理性の力を用いて情念を修正することはできません。理性が情念を制御しうるのは、情念が発生するきっかけとなった観察に誤りが認められる場合、具体的には、事実の有無をめぐる誤認または原因と結果の誤った組み合わせだけであるとヒュームは言います。

この題目（理性と真理に対する矛盾）に関して、まず思いつくのは次のことである。

真理や理性に反することができるのは、真理や理性に関係を持つものだけだということ、そして、われわれの知性の判断だけがこの関係を持っているのだから、情念が理性に反することができるのは、情念が何らかの判断や意見を伴っている場合に限られる、ということが帰結しなければならない。きわめて明白で自然なこの原理にしたがえば、何らかの感情を理性に反すると呼ぶことができるのは、次の二つの意味においてだけである。第一に、希望や怖れ、悲しみや喜び、絶望や安心といった情念が、実際には存在しない対象が存在するという想定に基づいている場合である。第二に、何らかの情念を働かせる（情念によって行動を起こす）際に、計画された目的に対して不十分な手段をわれわれが選択し、原因結果についての判断において思い違いをする場合である。情念が誤った想定に基づいているのでも、目的に対する不十分な手段を選択しているのでもない場合は、知性は情念を正当化することも断罪することもできない。（同右〈前掲書、一六三頁以下〉）

ヒュームについてこれまで説明してきたことを整理するなら、次のようになります。①合理的な推論は、私たちを行動へと促すものではない。②ところで、道徳的判断は、私たちを特定の行動へと導く契機となる。③したがって、道徳的判断は、合理的な推論によるものではない。④つまり、道徳的判断は情念の反映である。エイヤーに代表される二〇世紀の荒っぽい情動主義と比較するなら、情念が合理的な基礎を持たぬものであることを主張するためにヒュームが採用した論法は、細部については曖昧な部分が多いとしても、非常にエレガントなものであると言うことができます。

## †情念としての道徳的感情を具えた「人間本性」

ヒュームの見解に従うなら、道徳的判断は、情念によって基礎を与えられるべきものであり、さらに、情念は、合理的な推論の帰結ではありません。私たちは、毎日の生活において「よい」「悪い」という述語を繰り返し使いながら価値評価を試みており、しかし、このような価値評価は、情念の反映にすぎないとヒュームは理解します。ただ、このような見解を耳にするとき、私たちの心には、以前に述べたのと同じような一つの疑問、すなわち、「情念が合理的な性格を欠いているとするなら、情念を反映する道徳的判断もまた出鱈目な恣意的なものになるのではないか」という疑問が心に浮かぶはずです。

残念ながら、この疑問に対する確定的な回答は、ヒュームの著作には見出されません。

ただ、ヒューム自身がこの問題の説明にかなりの文字数を費やしていることは事実であり、ここでは具体的には立ち入りませんが、情念に基礎を持つ道徳が規範として共有されること、つまり、道徳的判断が、時代により地域により人により多少の違いはあるとしても、無政府状態に陥ることのない理由についていくつかの仮説を立てています。

ヒュームが最終的に辿りつくのは、道徳的判断を支え、「よい」「悪い」を直観的に区別する情念としての「道徳的感情」(moral sentiment)、そして、この「道徳的感情」というチャンネルを具えた「人間本性」(human nature)による社会的「合意」(convention)という枠組に訴えるという解決方法であると普通には考えられています(『人間本性論』第三巻第一部第二節)。実際、ヒュームは、道徳的感情を間接的情念と見做し、「美徳」または「悪徳」が道徳的感情の「原因」であり、「人格」が道徳的感情の「対象」であることを主張します。

もっとも、このような道徳的感情あるいは「道徳的感覚」(moral sense)に道徳的判断の最終的な審級を求める試みは、シャフツベリ(一六七一～一七一三年)に始まり、ヒュームを経て、アダム・スミス(一七二三～一七九〇年)にいたるまで、何人もの哲学者たちの著作に繰り返し姿を現します。この点に関するかぎり、ヒュームの立場は、必ずしも特異なもの、孤立したものであったわけではありません。また、このような考え方は、情動主義に鋭く対立するものであり、実際、以前に紹介したエイヤーの『言語・真理、論理』では、（ヒュームの名が挙げられているわけではありませんが）この点が批判されます。

しかし、情動主義の立場を引き受け、感情が価値判断に先立つものであることを主張するかぎり、感情が合理的な思考の結果として導き出されたものではないことを明らかにするだけでは十分ではありません。むしろ、感情に支えられた価値判断が恣意的なものではなく、私たちが規範や道徳というものを共有しうることの理由を説明する作業こそ、避けて通ることの許される課題となるはずであり、道徳感情を社会的なものに還元するヒュームの試みは、この課題への一つの答であると言うことができます。

幕間

# 感情の受動性、あるいは機械論的決定論について

†受動性と決定論――運命論者ジャックとその決定論

以前に簡単に述べたように、感情というのは、私たちの外部に由来し、私たちを操り、私たちを襲うものとして受け取られてきました。感情をめぐるこのような理解は、神話的に語られてきたばかりではなく、これに先立ち、「感情」を表すために使われる西洋各国語の名詞もまた、このような見方を反映しています。これもまた、前に述べたとおりです。

自分自身の内部に起源を持ち、自己を支配するための原理となるものは、「理性」と呼ばれるのが普通です。感情の場合とは異なり、理性が私たちに憑依し、私たちを操ったり襲ったりするなどとは誰も考えませんが、この事実は、理性に認められてきた肯定的な役割を雄弁に物語っています。「今朝、会社に来るとき、電車の中で急に理性に襲われちゃってさ」とか「清水さんて、理性に操られているみたいで気持が悪い」とか、このような文を耳にすれば、私たちは誰でも、何とも言えない違和感を覚えるでしょう。

ストア主義の生活の理想は、「アパテイアー」、つまり、感情からの自由でした。ストア主義は、感情による生活の攪乱を、見知らぬものに憑依されるのと同じこととして受け取ります。これは、感情をめぐる通俗的な見方を前提とするものに他なりません。前に述べように、「感情とは何か」という問に答える試みは、ストア主義に始まるものであると普通には考えられています。また、ストア主義は、ヘレニズムの知的世界に対し、途方もなく大きな影響を与えました。それは、感情に対するストア主義の態度に、感情をめぐる通俗的な評価と調和する側面があるからであると考えることができます。西洋世界では、感情というのが野放しにすることの許されぬものとして扱われてきたことは確かです。

理性による自己支配、つまり、認識することも制御することもできぬブラックボックスを放置しないよう努めることは、西洋世界においてつねに重要な課題と見做されてきました。自己了解と自己支配が重要なテーマとして受け止められてきたことには、いくつか理由がありますが、少くとも、自己を制御する手綱が失われると、社会生活が成り立たなくなる危険があるというのは、広く認められていた点です。

ジャック――わたしが奥さんに恋したとして、それに文句でもありますか？　恋に落ちるか落ちないかなんてことを、人が自由に決めたりできるものでしょうか？　それにいったん恋に落ちてしまった時に、まるで恋などしてもいないかのようにふるまうなんてことができますか？　もし天上にそう書かれているのなら、旦那がいまおっしゃろうとしているようなことを、わたしがどれほど自分自身に言い聞かせ、自分の頬をひっぱたいたり、頭を壁にぶつけたり、髪をかきむしったりしたところで、わたしの恩人は寝盗られちまうに決まってるんです。

主人――しかし、お前の論法で行くと、ひとはどれほど良心の呵責を感じても、犯すべき罪は犯すということになるじゃないか。

ジャック――その反論はもっともで、わたしも何度となく頭をくしゃくしゃにして悩んだものですが、あれこれ悩みはするものの、最後はいつも隊長のお言葉に帰ってくるんです。この地上でわれわれに起こることは善いことも悪いこともすべて、天上にそう書かれているのだ（Tout ce qui nous arrive de bien et de mal ici-bas est écrit là-haut）、とね。ねえ旦那、天上に書かれたあの文字を消す手だてをご存じですか？……お説教は好きなだけしてくださってかまいませんし、旦那の理屈もひょっとすると筋の通ったものかもしれません。でも、わたしの中だか天上だかに、そんな理屈は通らないとわたしが思う、ということが書かれてしまっているのなら、わたしにはどうしようもないじゃありませんか？

主人――ふと思ったんだが、天上にそう書かれていたから、お前の恩人が寝盗られるのか、お前が恩人から寝盗るから、天上にそう書かれたのか、どっちなんだろうな。
ジャック――どちらも互いに並んで書かれていたんですよ。あらゆることが一気に書かれたんです。それは少しずつくり広げられていく大巻物みたいなものでして……

右に引用したのは、ディドロ（一七一三〜一七八四年）の小説『運命論者ジャックとその主人』（王寺賢太、田口卓臣訳、白水社、一一頁以下）の一節です。ディドロは、一八世紀後半のフランスを代表する哲学者で、有名な『百科全書』の編者の一人です。それとともに、この『運命論者ジャックとその主人』を初めとして、ディドロの手になるものには、何点もの小説が含まれています。『ラモーの甥』『修道女』『ブーガンヴィル島航海記補遺』『おしゃべりな宝石』などが有名です。

この『運命論者ジャックとその主人』は、主人公である「ジャック」と、ジャックが下僕として仕える主人の旅の物語です。ただ、文字数の多くが費やされるのは、旅の中での彼らの体験ではなく、むしろ、ジャックが主人に語り聞かせる思い出であり、彼らが出会う人々が語り聞かせる物語です。

しかも、登場人物が語るエピソードと旅のエピソード、そして、これら二つに対する作者自身の解説や批評が入り乱れ、ストーリーは、脱線や中断を小刻みに繰り返します。『運命論者ジャックとその主人』は、見通しのきかないわかりにくい作品であり、この意味において、上級者向きの小説であると言うことができます。ディドロは、ルネサンス以来の「ピカレスク小説」の枠組を借り、「メタフィクション」の実験を試みたのでしょう。

普通の小説の場合、作者の言葉が「透明」であり、読者の注意がこれに向かわないことが望ましいと考えられています。小説の作者の多くは、この理想を引き受け、みずからの作品に工夫を施します。たしかに、すぐれた小説を読むとき、私たちは、自分が文字を辿り小説を読んでいることを忘れ、物語と直接に向き合います。

これに対し、「メタフィクション」と呼ばれるタイプの小説は、読者が文字を辿っているという事実、物語が作られたものにすぎないという事実を読者に対したえず想起させます。小説の言葉が「不透明」になり、自己主張するのがメタフィクションの特徴です。

ディドロが彼の作品をメタフィクションとして構想したのであるなら、この構想の模範は、彼の同時代のイギリスの作家ローレンス・スターン（一七一三～一七六八年）の小説『紳士トリストラム・シャンディの生活と意見』（一七五九～一七六七年）に求められたに違いありません。普通には『トリストラム・シャンディ』という切りつめられた名で呼ばれているこの未完の長編小説は、「トリストラム・シャンディ」という人物を形式的な主人公とする小説ですが、全体を支配するストーリーらしきものは見当たらず、読者が物語を直線的に辿って行くことを妨害するような仕掛がいたるところに施されています。

## †ラプラスの魔

『運命論者ジャックとその主人』の中でジャックが語るエピソードの一つに、「ド・ラ・ポムレー夫人」に関するものがあります。この女性に関するエピソードは、この小説でジャックが紹介するいくつものエピソードのうちもっとも多くの分量を占め、また、中断や脱線も少なく、明瞭な輪郭を具えています。そのせいなのでしょう、このエピソードは、ロベール・ブレッソン（一九〇一〜一九九九年）によって「ブーローニュの森の貴婦人たち」（一九四五年）というタイトルで映画化されています。脚本を手がけたのは、ジャン・コクトー（一八八九〜一九六三年）です。

ブレッソンは、職業的な俳優をみずからの作品に登場させず、出演者をすべて素人から選ぶことで有名な映画監督ですが、この「ブーローニュの森の貴婦人たち」には、主人公のド・ラ・ポムレー夫人を演じたマリア・カザレス（一九二二〜一九九六年）を初め、何人かの職業的な俳優が登場します。これは、ブレッソンの作品としては例外的なものであるということになるのでしょう。

さて、『運命論者ジャックとその主人』では、「運命論者」(fataliste)である主人公のジャックは、「この地上で」(ici-bas)起こるすべてのことがあらかじめ「天上に」(là-haut)書かれていることを繰り返し強調します。ジャックの主張に従うなら、すべては必然であり、自由な意志によってこれを変更するなど不可能であることになります。このような考え方は、一般に「機械論的決定論」と呼ばれています。

機械論的決定論は、自然法則が普遍的に適用可能であるという信念を前提とします。自然法則というのは、自然現象が再現されるのに必要な一般的な条件を記述するものですから、機械的決定論に従うかぎり、すべての出来事は、時間的に先行する出来事を条件として決定されることになります。

機械論的決定論によれば、ミクロのレヴェルでは、ある瞬間に生じることはすべて、前の瞬間に何が生じたかによって決まります。したがって、マクロのレヴェルでは、いつ、どこで、どのような出来事が生起するか、すべてのことは天地創造の瞬間にすでに決定されていなければなりません。右に引用した一節でジャックが簡潔に語るように、地上に関するすべてのことは、天上で「一気に書かれ」、そして、「少しずつ繰り広げられていく大巻物」のようなものに他ならないことになるわけです。

機械論的決定論が妥当なものであるなら、ある瞬間に生じた出来事をすべて把握することができる者は、次の瞬間に何が生じるかを正確に予測しうるはずであり、したがって、このような存在にとっては、将来にわたって生起するあらゆる出来事の予測もまた可能となります。これは、このような予測の可能性に初めて形式的な表現を与えたフランスの物理学者ラプラス（一七四九～一八二七年）の名をとり、「ラプラスの魔」と呼ばれています。「運命論者」ジャックが熱狂的に受け入れ、ラプラスが冷静に記述したこのような決定論的な世界観は、ディドロの同時代、つまり一八世紀後半には、特別に珍しいものではありませんでした。しかし、誰でも予想することができるように、このタイプの決定論からは、無神論と唯物論が派生します。自然法則が何に対しても適用可能であるなら、神に代表される非物質的な存在の作用が地上の出来事に介入する余地はないからです。

実際、ディドロの同時代人ド・ラ・メトリ（一七〇九～一七五一年）は、有名な『人間機械論』（一七四七年）において唯物論的な立場を明らかにしていますし、ドルバック（一七二三～一七八九年）の『自然の体系』（一七七〇年）には、無神論への肯定的な言及が認められます。

もちろん、無神論と唯物論は、キリスト教に代表される宗教全体に対する異議申し立てであり、このかぎりにおいて、両者の前提となる機械論的決定論もまた、反キリスト教的であり、反社会的なものと見做されざるをえません。

たとえば、機械論的な自然観を全面的に支持していたデカルトは、晩年に、心身問題をめぐるみずからの発言がきっかけで唯物論の嫌疑をかけられます。デカルトの支持者の多くがデカルトの哲学を唯物論として受け止めていたからです。そのせいで、デカルト自身は、嫌疑を晴らすため、単なる機械としての動物と心を持つ存在としての人間との差異をわざわざ強調せざるをえなくなります（八八頁以下を参照のこと）。これは、機械論的決定論に対する教会の警戒を雄弁に物語る事実です。

## †汎神論論争とスピノザ

しかしながら、機械論的決定論は、制度としてのキリスト教に対する異議申し立てであるという理由のみによって嫌われていたわけではありません。そもそも、機械論的決定論を私たちの普通の社会生活と両立させることは不可能です。どのような社会も、機械論的決定論を留保なしに真理と認めることはないでしょう。というのも、機械論的決定論の妥当性が全面的に承認されてしまうと、これと同時に、「自由」と「責任」という二つの観念が意味を失うからです。日常生活における私たちの行動のうち、少なからぬ部分が責任を問うことのできぬものになります。私たちの素朴な常識が感情に対する控えめな警戒を含むのは、このためであると考えることが可能です。

カトリックは、以前に少しだけ取り上げたスピノザの著作をながいあいだ「禁書目録」(index librorum prohibitorum) に登載し、スピノザの思想を一種の危険思想、具体的には、いわゆる「自由思想」の一種と見做してきました。スピノザの思想が決定論的であることは事実です。ただ、スピノザの決定論は、ド・ラ・メトリに代表される機械論的決定論とは異なり、機械論の不可欠の要素である時間的な前後関係を錯覚として斥けます。スピノザにとり、真理は、神のうちに、「永遠の相のもとで」(sub specie aeternitatis) 見出されるものだからです。

スピノザは、地上における出来事が厳密に決定されていること、さらに、「神の意志」に代表される恣意的な選択の余地などないことを強調します。スピノザによれば、恣意的な選択の自由などは、自然法則を理解することのできない者が頼る空虚な観念、「無知の隠れ処」(asylum ignorantiae) にすぎません。「無知の隠れ処」は、スピノザが初めて使った言葉ではありませんが、恣意的な自由の可能性をめぐるスピノザの立場を表現するものとして有名です。しかし、おそらく、このような決定論的な主張のせいなのでしょう、『エチカ』において唯一の実体としての神のために多くの言葉が費やされているにもかかわらず、スピノザは、哲学の外の世界では不当にも、ながいあいだ無神論者に分類されてきました。この見方が修正されるのは、一八世紀末のことです。

スピノザが世を去ってから百年以上を経た一八世紀後半、彼の著作は、ドイツ語圏の知識人たちのあいだで大規模な論争を惹き起こします。現在では、この論争は、「スピノザ論争」または「汎神論論争」と呼ばれています。

この論争のきっかけは、批評家、劇作家のレッシング(一七二九~一七八一年)が、晩年に、知人の哲学者ヤコービ(一七四三~一八一九年)に向かってスピノザへの共感を表明したことです。ヤコービは、「信仰哲学」と呼ばれる独特の思想を作り上げた哲学者であり、合理的な思考には限界があること、真理へと直接に到達するためには信仰による他はないことを主張していました。ヤコービの思想は、近世の合理主義に対する非常にわかりやすい異議申し立ての試みでした。

当然、ヤコービの目には、合理的思考にもとづく神の認識を目指すスピノザの立場は、典型的な無神論と映ります。ヤコービは、レッシングの意見に同意せず、レッシングの没後、やはりスピノザに対する肯定的な評価を明らかにしていたユダヤ人の哲学者メンデルスゾーン（一七二九～一七八六年）を批判するようになり、両者は、数回にわたり書簡を交換します。

その後、この往復書簡は公表され、論争は、カント、ハーマン（一七三〇～一七八八年）、ヘルダー（一七四四～一八〇三年）、ゲーテなどの知識人たちの注意を惹きつけ、スピノザを主題とする多くの文章が産み出されます。この論争の過程において、スピノザの思想が無神論ではなく、むしろ、汎神論に分類されるべきものであることが明らかになります。この論争は、スピノザの思想の正確な理解を促し、哲学史の内部におけるスピノザの位置を確定する役割を担うものとして評価することができるでしょう。

### ✝自由もなく責任もない「もたれ合い」

ところで、「自由」と「責任」という対をなす二つの観念は、私たち一人ひとりの「主体性」の根拠でもあります。自由と責任を欠いた社会には、構成員の主体性という観念もまた見出すことができません。このような社会では、誰もが自分をコントロールする術を持たず、周囲に対し完全に従属的な態度をとらざるをえません。自由、責任、主体性を欠いた社会とは、万人が万人に対し受動的とならざるをえない社会を意味します。「自分の身を他人に委ねる」と言えば格好よく響きますが、万人が自分の身を他人に委ねてしまったら、それでもなお、そのような社会が「社会」であり続けることができるのか、これはそれ自体として重大な問題となるでしょう。

厳密な意味において自由と責任と主体性が失われた社会、言葉の本来の意味において「無責任」な社会とは、誰もが責任を放棄した社会なのではなく、責任の観念が最初から欠けており、誰にも責任を負うことなどできない社会のことです。このような社会は、そもそも、社会秩序というものを持ちません。

むしろ、このような社会の姿を思い描く手がかりとなるものを現代において捜すなら、ソーシャル・メディアに代表されるネットワークによって万人が「つながっている」状態、万人が万人にもたれかかっている状態ほどふさわしいものはないように思われます。今から一五〇年以上も前、アメリカの作家ヘンリー＝デイヴィッド・ソロー（一八一七〜一八六二年）は、没後に公表されたエッセー『原理なき生活』（一八六三年）（邦題は『生き方の

原則　魂は売らない』）において、次のように語っています。

……生活が内面的で個人的なものでなくなると、会話は単なる噂話に堕してしまいます。……内面的生活が衰えるにつれて、私たちはますます足しげく、死にもの狂いで、郵便物を受けとりに郵便局に行くようになります。たくさんの手紙をかかえてそこから出てくる哀れな男は、自分の文通範囲の広さを自慢しているかもしれませんが、もうずいぶん長いあいだ自分自身からの便りをもらっていないことはまちがいありません。

（山口晃訳、文遊社、三七頁以下）

「自分自身からの便り」と無縁の人々は、自由や責任や主体性を手に入れることができず、噂や「空気」に隷従することに何の疑問も抱くことができなくなるでしょう。

話をもとに戻します。たとえば、私が何か罪を犯したとき、「私が罪を犯すことは最初から決定されていたことであり、私には罪を犯さない自由はなかった」ことを法廷で主張したら、どのようなことになるでしょうか。もちろん、気が利いた裁判官なら、私に対し、「私があなたを有罪にすることもまた、最初から決定されていたことであり、私にはこれを変更する自由は与えられていない」と答えるかも知れません。

法や道徳は、これを引き受ける者のそれぞれの主体性を前提とするもの、したがって、各人の責任と自由を前提とするものです。機械論的決定論が全面的に承認された社会、完全に無責任——責任の放棄ではなく、責任を負うことの不可能——な社会には、法も道徳もなく、普通のふるまいから犯罪を区別する基準もありません。法や道徳らしきものには、最初からフィクションであることが誰の目にも明らかなもの、演技のためのガイドラインにすぎぬものとしての位置しか与えられないでしょう。

さらに、機械論的決定論が全面的に認められた社会では、努力や希望の観念もまた、空虚なものとなります。なぜなら、すべてがあらかじめ決定されているからです。誰かが何かを目指して努力したり、何かを希望したりすること自体、あらかじめ決定されていることであり、「努力したが上手く行かない」「途中で挫折する」というようなことすら、前もって決定されていると考えねばならないことになります。

理性による自己支配、一人ひとりの内部に由来する求心力により自分自身の要素を一つにまとめておく努力は、自由と責任の前提であるとともに、信仰と社会秩序の前提でもありました。少なくとも通俗的なレヴェルでは、そして、ストア主義のもとでは、受動性としての感情は、このような枠組の内部において、理性、自由、責任、信仰、社会秩序に対する脅威として姿を現します。

# 第三章

# 感情の伝達、あるいは公共性への意志について

†民主主義の基盤――公共性を最優先する投票行動

私たちは、「一票の格差」という言葉をよく目にしたり耳にしたりします。最近四〇年のあいだ、わが国では、国政選挙が行われるたびに、選挙区あたりの有権者数の格差、正確には、それぞれの選挙区の定数一人あたりの有権者数の格差が問題になり、それぞれの選挙後、憲法違反の疑いがあるという理由で何らかの訴訟が起こされてきました。また、最高裁判所が格差を「違憲」あるいは「違憲状態」と判断するたびに、国会において定数の小幅な見直しが行われてきました。

「一票の格差」が二倍を超えると、違憲あるいは違憲状態と見做される危険が高くなります。もちろん、これは、決して望ましいことではなく、何らかの措置が必要となります。形式的に考えるなら、一票の重みに違いがあることが原因で「法の下の平等」が阻碍されていると考えることが可能だからです。実際、一票の格差をめぐる訴訟はいずれも、「一票の格差」が「法の下の平等」を保証する日本国憲法第十四条に違反するという主張を前提とするものです。

ただ、これもまた形式的に考えるなら、そもそも、民主主義という制度のもとでは、

「一票の格差」なるものが特別に解決を必要とする問題ではなく、「法の下の平等」に反するわけではありません。というのも、民主主義社会を構成する一人ひとりは、自分の個人的な利益を政策に反映させるために投票するのではなく、社会全体の利益を考慮して投票しなければならないからです。自分の私的な利益は括弧に入れ、社会全体の利益になることは何かをみずから考えること、自分と意見を異にする者たちとのあいだでオープンな議論を重ねることにより合意形成を目指すことは、民主主義社会に生きるすべての者に課せられた義務なのです。全員がこの義務を自覚的に引き受けないかぎり、民主主義は成り立ちません。反対に、この義務が義務として認められているかぎりにおいて、選挙区のあいだに一票の格差があり、さらに、たとえば有権者数や投票率に関し世代間の格差が生れるとしても、少なくとも約束としては、このような事態は、それ自体としては「法の下の平等」を損ねることにはならないはずです。

もちろん、残念ながら、現実は、民主主義のこのような崇高な理想からは遠く距っているように見えます。有権者が相対的に多い選挙区にしか住んだことがなく、また、国政に対し少なからぬ距離を感じている私のような者には、一票の格差が国会における意思決定にどのような影響を及ぼしているのか、実感としてはよくわかりません。しかし、投票行動において社会全体の利益を最優先に考える有権者が決して多数ではなく、このかぎりにおいて、現在の日本の政治が一種の「衆愚政治」の状態にあることは事実であるように思われます。

### †平等が妬みを産み出す――トクヴィルの見解

一八三五年、フランスの歴史家アレクシス・ド・トクヴィル（一八〇五～一八五九年）は、『アメリカのデモクラシー』第一巻を公刊します。現代の政治哲学において、「民主主義」あるいは「市民社会」は、無視することのできない重要なフィールドをなしています。『アメリカのデモクラシー』第一巻は、五年後に公刊される第二巻をあわせ、さらに、その後に公刊された『アンシアン・レジームとフランス革命』（一八五六年）とともに、このフィールドを切り拓いた基礎的な文献の一つとして高く評価されているものです。

『アメリカのデモクラシー』は、当時下院議員であったトクヴィルが、一八三一年から翌一八三二年に、アメリカにおける犯罪対策の現状を視察するという名目でアメリカ各地を旅した経験をもとに記されたものです。この著作は、アメリカの社会制度に関する具体的な報告を多く含むため、岩波文庫に収められた翻訳では、四分冊をあわせて約一〇〇〇ページになっています。

ただ、『アメリカのデモクラシー』第一巻、第二巻、そして、これらの事実上の続篇に当たる『アンシアン・レジームとフランス革命』においてトクヴィルが強調することは、一連の単純な洞察へと収束します。民主主義という政治的、社会的なシステムの本質をなすのは、構成員のあいだの「平等」(égalité)と平等から帰結する「孤立」(isolement)であるとトクヴィルは理解します。また、トクヴィルによれば、構成員のあいだの平等の進行は、古代から現代まで、人類の歴史においてつねに観察される必然的な傾向であり、これを特殊近代的なものと見做すことはできません。

当然、この必然を押しとどめることもまた不可能であり、このプロセスから逃れるためのあらゆる努力は、徒労に終わらざるをえません。とはいえ、平等の帰結は、決して好ましいものではなく、むしろ、平等が原因となって野心や欲望が刺戟されることにより、構成員のあいだに「妬み」(envie)が産み出されること、平等が完全に近づくとともに、誰もがわずかな不平等にも耐えられなくなるため、妬みもまた、それとともに烈しいものとなり、普遍的なものとならざるをえないことをトクヴィルは主張します。

トクヴィルがアメリカで出会ったのは、そして、『アメリカのデモクラシー』という著作において記述されたのは、平等から生れる野心や欲望につき動かされ、しかし、これが実現できぬことに由来する焦燥感と妬みに圧し潰された人々の姿でした。さらに、アメリカで観察されたプロセスの前史を遡るため過去に向けられた眼差しは、『アンシアン・レジームとフランス革命』のうちに表現を与えられています。

### †妬み……民主主義の必然的な帰結

トクヴィルの理解に従うなら、現代の社会において私たちが周囲の人間に対して抱くかも知れぬ妬みは、民主主義の本質に由来するもの、民主主義の必然的な帰結であり、私たちは誰一人、この感情から逃れることができません。社会を構成する一人ひとりの視点から事態を眺めるなら、民主主義を原理とする市民社会において支配的な感情は、たえず烈しくなって行く妬みであり、私たちは、なす術もなくこの必然的な傾向に身を委ねる他はないことになります。

反対に、社会を一つのまとまりとして眺めるなら、民主主義は、平等の進行という必然的なプロセスの中で、フランス革命という不幸なイベントによる外見上の区切りはあるものの、一七世紀半ばのルイ一四世による絶対王政のもとで自然発生的に姿を現し、なしくずし的に受け入れられ、非人称的かつ機械的に拡大し進行しつつあるものとして理解されねばなりません。民主主義における平等の本質は、頭数の上での平等にすぎぬものであり、平等の進行のプロセスには、理念も理想も目的も見出すことができません。

民主主義は、私たちが自発的に選びとったものではなく、むしろ、盲目的に進行する歴史のプロセスの中で否応なく出来したもの、選択の余地なく受け入れざるをえないものであることになります。トクヴィルが描く人類の過去、現在、未来は、私たちを暗い気持にさせるものであると言わなければならないでしょう。

### †希望は「身の丈」を忘れさせる!?

「妬み」という特殊な感情をめぐる哲学史の文脈の内部においてトクヴィルの著作を読むことは、必ずしも不自然な試みではないように思われます。なぜなら、妬みというのは、遅くともアリストテレス（『ニコマコス倫理学』第二巻第六章）以来、つねにもっとも好ましくない感情と見做されてきたものだからです。

すでに紀元前七世紀の詩人ヘーシオドス（紀元前七〇〇年ころ）は、『仕事と日』において、有名な「パンドーラの箱」に言及し、パンドーラが開けた箱（本当は「箱」ではなく

「甕」から飛び出した好ましくない感情の中に、「妬み」が含まれていることを確認しています。

プロメーテウスは、火を神々から盗み人類に与えたことで知られるギリシア神話の神です。当然、オリュンポスの神々は、プロメーテウスに腹を立て、報復の一つとして、プロメーテウスの兄に当たるエピメーテウスに対し、外見は魅力的な、しかし、内面は好ましくない性質に満たされた若い女性を贈ります。これがパンドーラです。「創世記」に登場するエヴァと同じように、パンドーラは、最初の女性であり、最初の女性が災いとともに地上に現れるという点で、ギリシア神話は聖書と一致していることになります。

パンドーラがエピメーテウスのもとに持参した甕には、人類に災いを惹き起こす無数の邪悪なものが詰め込まれており、この甕が開けられると、邪悪なものが次々に飛び出し、人間たちのあいだに広がり、悲惨を産み出して行きます。「妬み」は、甕から飛び出し、この世界に広がった邪悪なものの代表です。

なお、ヘーシオドスによれば、パンドーラの甕に収められていた邪悪なもののうち、一つだけ、外に飛び出して行くことなく、甕の底にしがみついていたものがあります。それは「希望」であった、とヘーシオドスは記しています（『ヘシオドス全作品』〈中務哲郎訳、

京都大学学術出版会〉所収、一六〇頁以下）。

しかし、ヘーシオドスのこの記述は、私たちに違和感を与えます。この説明を表面的に受け取るなら、「希望」は、神々が人類に贈った邪悪なものの一つであり、希望を持たないことは、人類にとっては幸いであると考えねばならないことになってしまうからです。

素朴な常識に従うなら、希望というのは、つねに好ましいものであり、希望を持つ能力は、私たちの生存を活き活きとしたものにしてくれると普通には認められています。当然、『神統記』のこの逆説的な一節の意味について、研究者たちの意見は一致していません。

ただ、たとえばわれらがニーチェのように、希望に関するヘーシオドスの言葉をあくまでも文字通りに受け取ることは、必ずしも不可能ではないはずです（『人間的な、あまりに人間的な』七一番）。この場合、希望を心に抱くことが不幸の原因であるというのがヘーシオドスの理解であったことになります。しかし、『アメリカのデモクラシー』において、トクヴィルは、平等が人々に与える希望が妬みを産み、これが社会全体に有害に作用することを主張します。希望というのは、私たち一人ひとりの「身の丈」を忘れさせるものなのかも知れません。トクヴィルの見解が妥当なものであるなら、ヘーシオドスが希望に与えた意義もまた、必ずしも逆説的ではないと考えることができるように思われます。

## †ロールズの『正義論』における妬み

幸いなことに、わが国の場合、妬みの感情が社会の安定を脅かしたり、社会正義を損ねるような突発的な事件を惹き起こしたりすることは滅多にありません。しかし、世界の歴史を眺めるなら、たとえばナチによるホロコーストや中華人民共和国の文化大革命など、財産や権力や社会的地位をめぐる妬みが「劣等民族」の殲滅、「既得権益」の剝奪、「反革命分子」の粛清のような「正義」の旗を掲げて露骨な仕方で現れることは稀ではなく、妬みは、社会全体の野蛮化を繰り返し惹き起こしてきました。現実の社会の問題を考えるとき、平等と妬みの関係についてトクヴィルが遺した言葉は、無視することができないものであると言うことができます。

トクヴィルのリアリスティックな説明を前提とするかぎり、市民社会における意思決定は、正義や自由のような理念の実現への努力の帰結ではなく、単なる妬みや憎悪の反映にすぎないことになります。ただ、右で述べたようなトクヴィルの見解は、民主主義のもとでの社会生活に関する唯一の見解というわけではありません。

一九七一年、ジョン・ロールズ（一九二一～二〇〇二年）は、大著『正義論』を公刊し、

「公正としての正義」(justice as fairness) が民主主義社会における意思決定の原理となるべきことを強調します。いわゆる「リベラリズム」の古典としてのちの時代に大きな影響を与えることになるこの著作においてロールズが主題的に取り上げるのは、この「公正としての正義」の形成の問題です。

古代ギリシアから現代まで、「正義とは何か」という問に与えられてきた答は、一つではありません。しかし、社会が形成される以前の「原初状態」(initial situation)、つまり、各人が「無知のヴェール」(veil of ignorance) により自分に与えられた生活水準が覆い隠された状態を想定するなら、この状態において選びとられる正義の原理は、次の二点に必ず収束するとロールズは考えます。①第一の原理は、自由の平等な分配です。社会を構成する私たち一人ひとりがみずからのふるまいに関し同じ程度の自由を与えられていることが必要となります。

しかしながら、②この平等に分け与えられた自由は、生活水準の不平等が生れる危険を免れることができません。そこで、自由から生れる不平等を是正するため、次の二つの点が承認されなければならないことになります。第一に、競争の機会を均等に与えること、第二に、競争の結果として生れた不平等により生活の質がもっとも深刻に損なわれた者を救済すること。これら二つをあわせ、ロールズは、これを正義の第二の原理と見做します。

ロールズに従うなら、このような原理を内容とする「公正としての正義」は、すべての社会全体の利益を損ねるような形で追求される私的な欲求を克服した地点において成り立つものです。つまり、意思決定において右の二つの原理が尊重されるかぎり、「妬み」(envy)の感情が社会の安定を脅かすことはありません。

たしかに、ロールズは、競争における敗北や挫折感が原因で自分自身への敬意が毀損されるとき、妬みが生れる可能性を否定しません(『正義論』第八〇節)。ただ、正義の二つの原理が正常に作用するかぎり、民主主義の社会には、このような者に競争の勝者に対する悪意ある妬みを抱かせ、妬みが暴発するような屈辱的な状況を回避するメカニズムがあらかじめ具わっています(第八一節)。ロールズに従うなら、何らかの格差が妬みを産むからと言って、この事実は、正義の二つの原理にもとづいて設計された制度が無効であること、あるいは、修正を必要とするものであることをいささかも意味するものではないことになります。たしかに、形式的に考えるなら、正義の二つの原理にもとづいて合理的に行動する人間によって構成された社会の安定が妬みによって脅かされる可能性を考慮することは必要ではないかも知れません。

とはいえ、現実には、このような意味における正義が否定的な感情に脅かされる危険がまったくないわけではありません。たとえば、マーサ・ヌスバウム（一九四七年〜　）は、『感情と法　現代アメリカ社会の政治的リベラリズム』（河野哲也監訳、慶應義塾大学出版会）において、「嫌悪」「恐怖」「恥」「妬み」などが市民社会に与える影響を主題的に取り上げます。ヌスバウムは、ロールズの次の世代のリベラリズムを代表する政治哲学者であり、昨年（二〇一三年）公刊した大著『政治的感情　なぜ愛は正義にとって重要なのか』（*Political Emotions. Why Love Maters for Justice*, Cambridge, Massachusetts, The Belknap Press of Harvard University, 2013）では、同じ問題が、さらに包括的な視点から記述されています。

## †民主主義の可能性と脆弱性

ところで、民主主義の可能性に関し、たとえばハンナ・アーレントは、さらに異なる見解を明らかにしています。よく知られているように、アーレントによれば、人間の生存は、「労働」（labor）「仕事」（work）「活動」（action）の三つに分たれます。「労働」とは、生命の維持に必要なものを作り出すふるまいであり、「仕事」とは、人工物を作り上げることを目標とする作業、そして、「活動」とは政治への参加を意味します。もちろん、人間を他の動物から区別するもの、本質的に人間的なものは、「活動」です。

アーレントに従うかぎり、「公的領域」（public realm）において社会全体の利益に関する意思決定に参加すること、つまり、意見を異にする者たちと対等でオープンな討議を試み、合意形成を目指すことにより、人間は、本当の意味において人間となります。政治とは、人格の陶冶の装置なのです。アーレントは、古代ギリシアの民主主義を理想と見做し、公的領域の外部にあるものはすべて、この公的領域における「活動」のために動員されねばならないことを主張します。

アーレントのこの見解が妥当なものであるなら、政治においてもっとも重要なのは、決定された政策ではなく、合意形成を目指す私たち一人ひとりの努力のプロセスでなければならないでしょう。たしかに、事実上の主著に当たる『人間の条件』から未完の遺著『精神の生活』まで、このような見解が繰り返し姿を現します。

もちろん、アーレントの指摘を俟つまでもなく、現実は、理想的な状態とはまったく異なります。むしろ、大衆化した社会を前提とする近代の民主主義は、非常に脆いものであり、政治に対する大衆の無関心のせいで、ナチズムに代表される全体主義を産み出す危険をつねに抱えています。

## †妬みは虚偽意識である

たしかに、現実の民主主義は脆弱であり、現在の日本の政治は、一種の「衆愚政治」の状態にあります。また、今後、わが国が衆愚政治を免れるなど、もはや不可能であるように見えます。有権者の多くが私的な利益のみを考慮して投票する残念な状況がさしあたり変化する見込みはなく、選挙区のあいだの一票の格差、社会保障に関する世代間の格差の是正を促すような合意が自然に形成されて行くことも期待できないでしょう。社会全体の利益への考慮が完全に失われ、「何でもあり」（anything goes）と表現することのできるようなひどい状況が出現する可能性がないとは言えないような気がします。

このような状況のもとでは、自分よりもすぐれた者たちに対する妬みが具体的な行動によって表現され、社会全体の利益を犠牲にした私的な利益の追求が野放図に試みられるようになるかも知れません。また、あらゆる努力にもかかわらず競争に敗れ、妬みを解消することができぬ無力には、自尊心をさらに深刻に傷つける可能性があります。この意味において、トクヴィルやロールズが指摘するように、妬みは、社会の安定を脅かすものとしてつねに警戒されるべき危険な感情であると言うことができるでしょう。

しかし、厳密に考えるなら、政治哲学においてこれまで取り上げられてきた「妬み」というのは、言葉の通俗的な意味における感情であるにすぎぬものであり、判断と行動を結びつける単純化された「条件反射」の枠組にすぎません。これは、「イデオロギー」、つまり、私たち一人ひとりがみずから考えた結果として獲得された真なる観念ではなく、社会においてその都度あらかじめ漠然と共有されている出来合いの観念、「虚偽意識」であると考えねばならぬものであるように思われます。

そもそも、「妬み」という言葉は、いくつかの共通の特徴を具えた、しかし、実に多様な感情の総称にすぎません。私たちが心に抱く妬みは、「隣の芝生は青い」と表現することのできるような無邪気なものから、競争相手に対する殺意を含むような深刻なものまで、一つひとつがかけがえのない個性を具えています。無数の具体的な感情を「妬み」の名のもとにまとめるにあたり、手がかりとなるのは、さしあたり、「入力」と「出力」の関係であり、この事実を考慮するなら、私たちは、感情の名というものに実質的な意味を認めることには慎重になるべきなのでしょう。

以前に立ち入って説明したように、私の心に姿を現す感情の一つひとつは、私と世界の真相を教えるものであり、何をなすべきかを告げるものとして理解されねばならないものです。マルブランシュが強調するように、感情はすべて肯定的な感情であり、私と世界の関係が「ちょうどよい」ものであることを告げるものとして、したがって、本質的に「悦び」として受け入れられるべきものでした。感情は、これが「妬み」と呼ばれるとしても、あるいは「憎悪」「嫌悪」「恐怖」などの名を与えられるとしても、本質的には深い「納得」の感情に他なりません。感情の意味を理解するとは、私が何に「納得」しているのか、私と世界の関係がどのような意味において「ちょうどよい」のかを静かに考えることに尽きるものです。

しかし、ある感情が「妬み」の一語で指し示されると、これは、細かい襞を持つ複雑な感情、自己と世界の真相を語るものであることをやめ、みずからのあり方をめぐる思考を阻碍する陰影を欠いた虚偽意識として私たちを支配するようになるでしょう。妬みに駆り立てられて行動する者は、感情に振り回されているのではありません。反対に、行動の背後において作用する虚偽意識を誤って感情と見做すことにより、本当の意味における感情を沈黙させ、感情が告げる真理から目をそむけているにすぎないのです。

## †アーレントの感情論──感情の基準は共通感覚にある

アーレントは、最晩年に当たる一九七〇年代前半、カントの『判断力批判』をテーマとする講義を数年にわたって試みます。この講義は、全三巻の予定で刊行が開始され、しかし、著者の急逝によって第二巻で途絶した大著『精神の生活』の第三巻の内容を予告するものであると考えられており、講義のためのメモが『カントの政治哲学講義』の表題で公刊されています。

カントの『判断力批判』は、『純粋理性批判』（一七八一年）『実践理性批判』に続く著作です。ここでは、「情感的判断力」の可能性、つまり、自然美と藝術美の認識能力の可能性が主題的に取り上げられています。そのため、『判断力批判』は、広い意味における「美」をテーマとする著作であると普通には考えられています。

しかし、アーレントは、講義において、このような表面的な理解を斥けます。アーレントに従うなら、『判断力批判』の本当のテーマは、狭い意味における「美」にかかわる情感的判断ではなく、これを含む「趣味判断」一般に求められねばなりません。さらに、カントにとり趣味が本質的に公的領域に属する事柄であったこと、したがってこの事実から出発するかぎり、『判断力批判』は、美学の衣を身にまとった政治哲学に他ならないことをアーレントは強調します。

これは、常識的なカント理解からは大きく距った個性的な解釈であり、カントとの関係に限定するなら、『判断力批判』の読み方の一つ以上の意義は認められないものであるかも知れません。それでも、アーレントの解釈は、カントが快楽の基準と見做す「共通感覚」(common sense)の正体が「共同体感覚」(community sense)であり、さらに、これが「趣味」(taste)に他ならないことを明らかにした点において、十分に価値があると言うことができます。

実際、カントの『判断力批判』には、この点への言及が見出されます。たとえば、カントは、私がみずからの趣味判断に関し他人の賛同を求め、同じように、他人が趣味に関し私と異なる判断を持つことを許さないという事実を確認し、これには正当な理由があることを主張します。

> 趣味判断は、あらゆるひとに賛同をあえて要求する。そして、あるものを美しいと言明するひとは、あらゆるひとが当面の対象に賛意を与えるべきであり、その対象を

同様に美しいと言明すべきである、と欲する。……ひとは、他のあらゆるひとの賛同を求める。なぜなら、ひとは、それに対するすべてのひとに共通なある根拠をもっているからである。……（第一九節〈『判断力批判　上』〔牧野英二訳、『カント全集　8』岩波書店〕所収〉一〇二頁）

たしかに、趣味判断は、「概念」にもとづく合理的な判断ではなく、このかぎりにおいて主観的なもの、ただ「感情」（Gefühl）に基礎を持つにすぎぬものであると語ります。しかし、それとともに、カントは、趣味判断の基礎に見出されるのが「個人的感情」（Privatgefühl）ではなく「共通の／共同体の」（gemeinschaftlich）感情であることを主張します。カントによれば、この「共通の／共同体の」感情、つまり「共通感覚」（Gemeinsinn）は、（ヒュームの場合とは異なり、）経験的に形作られたものではありません。これが「あらゆるひとがわれわれの判断と合致するであろう」と言う代わりに、「あらゆるひとがわれわれの判断と合致すべきである」ことを主張する根拠であるとカントは考えます。

共通感覚は、基礎を欠いたように見えるもの、「未規定」（unbestimmt）の状態にとどまるものであるとしても、実際には、その都度あらかじめ「理想的規範」(idealische Norm)としての役割を担っているとカントは理解します。他人が趣味に関し私と異なる判断を持つことに私が抵抗を覚えるのは、共通感覚が理想的規範であり、「範例的妥当性」(*exemplarische* Gültigkeit)を具えているからであることになります(第二二節)。

アーレントは、『カントの政治哲学講義』において、私が何かに携わることによって得られる快楽が、現に携わっている事柄から直接に与えられるものであるというよりも、本質的には、この快楽が事後に承認されることによって与えられるものであることを主張します。カントの『判断力批判』との明確な関連を持たぬある箇所において、アーレントは、次のように言います。

> ……そこで問題となるのは、私たちがどのようにして(携わっている事柄が快楽を与えるものであることの)是認と否認の選択をしているのか、ということです。先の例に即して考えれば、容易に一つの尺度(criterion)が思い浮かんできます。伝達可能性(communicability)あるいは公共=公開性(publicness)という尺度です。父親の死に際して過度に喜びを表そうとする者はいないでしょうし、あるいは、憎悪や妬み

の感情を表す者もいないでしょう。他方で、学問的探究に喜びを感じていることを公表するのに良心の呵責を覚える者はいないでしょうし、また、多大な功績のあった夫の死に際して悲しみを隠そうとする未亡人もいないでしょう。

その場合の尺度となるのが伝達可能性であり、それを決定する基準（standard）が共通感覚（common sense）です。（第一二講義〈『完訳カント政治哲学講義録』〈仲正昌樹訳、明月堂書店〉一二九頁〉）

アーレントの理解に従うなら、感情は、「伝達可能」であるかぎりにおいて、公的であるかぎりにおいて感情として受け止めることが可能となります。感情は、単なる内面的、個人的、私的な現象なのではなく、むしろ、これが有意味な経験となるためには、何よりもまず、他人からの承認を想定して何らかの仕方で言葉へと置き換えられるプロセスが必要なのです。このかぎりにおいて、私の感情は、その都度あらかじめある特別な仕方で普遍性を具えていると考えなければならないことになります。

## †感情は「公共性への意志」から生れる

私がみずからの感情を感情として受け止めることが可能になるためには、これを言葉に置き換える作業が必要であること、言葉によって置き換える作業が他人による承認、他人との共有を想定して遂行されるものであること、また、他人による感情の承認の基準が「共通感覚」あるいは「趣味」と呼ばれるものであること、さらに、このような基準の正体が「共同体感覚」であり、公的領域に由来するものであること、アーレントのカント解釈は、私たちにこのようなことを教えます。

そして、アーレントのこのような見解を前提とするとき、次のような結論をここから導き出すことが可能となるように思われます。すなわち、感情の経験が共通感覚に依存するものであるかぎり、感情は、意見を異にする者たちのあいだのオープンな討議と合意形成の場としての公的領域を形成し維持する意欲、「公共性への意志」と呼ぶことのできるような意欲を基礎とするものであること、したがって、反対に、このような意欲を持たない者には、本当の意味における感情に与る可能性が閉ざされていると考えることが許されるに違いありません。本当の意味における感情に与る可能性が閉ざされている者には、当然、自分が何者であるのか、自分が身を置いている世界がどのようなものであるのか、このような点に関する真理に与る可能性もまた閉ざされていると考えねばならないでしょう。

しかし、現実には、公共性への意志というものは、誰にでも認められるわけではありません。つまり、感情を感情として受け止めることは、それ自体として稀な経験であることになります。感情は、誰にとっても馴染みのあるもの、平凡なものであるわけではないばかりではなく、むしろ、虚偽意識から区別された本当の感情なるものは、ときには日常生活において、ときには藝術作品の力を借り、特別な努力によって奪い取ることの必要なものであるに違いありません。

# おわりに

この書物の第一章で強調したように、すべての感情は「悦び」であり、すべての感情の経験は、快楽として受け取られることにより初めて、その本当の姿を私たちの前に表します。なぜなら、感情とは、真理の記号だからです。

また、第三章で説明したように、感情として私たちに与えられる真理は、公共性への意志によって支えられています。感情の経験により、自己了解が可能となり、私と世界の関係が明らかになるのは、そのためです。

とはいえ、このような意味における感情の経験は、一人ひとりのもとに自然な仕方で到来するものではありません。これは、ときには日常生活の中で、ときには藝術作品の享受を手がかりとして、私たち自身を拷問にかけ、私たち自身からむしりとられるべきものなのです。これもまた、本文で述べたとおりです。

ところで、この書物のうち、多くの人の注意が最初に向けられるのは、「プラトンからアーレントまで」という副題であるに違いありません。「感情とは何か」という問は、心理学、あるいは、心理学に隣接する学問分野の専売特許であると普通には信じられています。しかし、「プラトン」と「アーレント」はいずれも哲学者の名であり、現代の心理学とは何の関係もありません。これら二つの固有名詞が副題に用いられることにより、感情の哲学的な解明がこの書物のテーマであることは、否応なくハッキリします。

実際、「感情」「プラトン」「アーレント」という三つの言葉は、「感情の心理学」のようなものを期待していた人に強い違和感を与えるはずです。これら三つの言葉は、「解剖台の上のミシンと雨傘」のようなものだからであり、本文の内容を予想するための何の手がかりにもならないからです。

専門学課としての哲学に関し何らかの知識をすでに持っている読者、多くの哲学者が「感情とは何か」という問を引き受けてきたことを知っている読者にもまた、「プラトンからアーレントまで」という副題は、小さくはない違和感を与えるでしょう。というのも、たとえば「感情の哲学史」という表題を持つ書物に何か副題を添えるなら、「プラトンからアーレントまで」ではなく、「ストア派から『心の哲学』まで」のような表現が普通であるはずだからです。「気分」(Stimmung)の概念をめぐるハイデガーの説明(『存在と時間』〈一九二七年〉)、あるいは、現象学の影響のもとで産み出されたサルトル(一九〇五〜一九八〇年)(『情動の理論のスケッチ』〈一九三九年〉)、リクール(一九一三〜二〇〇五年)(『意志的なものと非意志的なもの』〈一九五〇年〉)などのフランスの哲学者たちの「情動」(émotion)論への言及が見出されないことに不満を持つ人もいるかも知れません。「プラトンはともかく、どうしてアーレントなんだよ?」「清水の野郎、流行に便乗しちゃったわけ?」などといぶかる人がいないわけではないかも知れません。

たしかに、感情の意味というものは、誰でも語ることができるもののように見えます。与しやすいように見えます。しかし、そのせいで、心理学、社会心理学、行動経済学、精神医学などの専門家たちの手になる科学的な文献ばかりではなく、心理学の衣をまとった自己啓発書、さらに、常識、迷信などまで、感情の意味をめぐる言説空間は、雑多な発言に満たされ、私たちの目の前に一種の無政府状態が広がっていることもまた事実です。

したがって、感情の意味を明らかにする作業は、「感情の意味を問うとは何を問うことなのか」「感情の意味はどのような文脈の内部において、どのような観点から問われるべきものであるのか」という点、つまり「感情の意味の正しい問われ方」を確認することから始められねばなりません。私たちが誰でも知っているはずの感情の経験の領域を測量しないかぎり、「感情とは何か」という問に対する有意味な答を見出すなど不可能だからです。

この書物は、哲学者たちが遺した「結論」を辿ることよりも、むしろ、「感情の意味の正しい問われ方」に照明を当てることに多くの文字数を費やしました。「感情の科学」に対する「感情の哲学」の優位が本文において繰り返し強調されたことには、このような事情があります。「感情の意味の正しい問われ方」が定められることにより初めて、「感情とは何か」という問に哲学者たちが与えた答の意味が明らかになるに違いありません。

アリストテレス、トマス、デカルト、スピノザ、マルブランシュ、ヒュームなど、「感情とは何か」という問に包括的な仕方で答を与えた哲学者たちを措き、感情の意味を主題的に取り上げたわけではないアーレントの名を副題であえて用いたのは――もちろん、(私には少し異常に見える)流行に便乗するためなどではなく――感情への問を正しく仕上げ、「感情とは何か」という問によって本当に問われるべきものが何であるのかを知るための大切な手がかりを晩年のアーレントが遺したからなのです。

感情という現象は、通俗的な理解の平面においても、また、哲学的な文脈においても、つねに「受動性」と結びつけられてきました。本文で詳しく述べたように、古代ギリシアでは、感情に対し「パトス（＝受動）」の名が与えられました。これは、感情の本質が受動的なものに求められてきたことを雄弁に物語る事実です。

しかし、それとともに、純粋に受動的であるものがそれ自体としては哲学のテーマとはなりえぬものであることもまた確かです。これも本文で述べたとおり、外部からの作用に対する主体的な態度こそ自由と責任と人間らしさの前提だからであり、受動的であるにすぎぬものは、機械論的決定論へ、そして、自然科学へと転落してしまうからです。実際、哲学史において、たとえば「感覚の哲学」なるものが試みられたことはありませんが、それは、感覚が純粋の受動以外の何ものでもないからです。

哲学者たちが感情の問題を繰り返し取り上げてきたのは、感情が受動性を本質とするものではなく、むしろ、能動と受動の彼岸に横たわる普遍的な経験の場として規定されるべきものであるからに違いない、私はこのように考えています。

本書の出版に際しては、執筆の機会を作って下さいました筑摩書房の湯原法史氏、そして、何よりも、永田士郎氏には大変にお世話になりました。ここに記し、深い感謝の意を表します。

二〇一四年五月

清水　真木

ちくま新書
1076

# 感情《かんじょう》とは何《なに》か
——プラトンからアーレントまで


二〇一四年六月一〇日　第一刷発行

著者　清水真木（しみず まき）
発行者　熊沢敏之
発行所　株式会社　筑摩書房
東京都台東区蔵前二-五-三　郵便番号一一一-八七五五
振替〇〇一六〇-八-四一二三
装幀者　間村俊一
印刷・製本　三松堂印刷　株式会社





乱丁・落丁本の場合は、左記宛にご送付下さい。
送料小社負担でお取り替えいたします。
ご注文・お問い合わせも左記へお願いいたします。
〒三三一-八五〇七　さいたま市北区櫛引町二-六〇四
筑摩書房サービスセンター　電話〇四八-六五一-〇〇五三





ISBN978-4-480-06781-4 C0210

## ちくま新書

008
ニーチェ入門
竹田青嗣
新たな価値をつかみなおすために、今こそ読まれるべき思想家ニーチェ。現代の我々をも震撼させる哲人の核心に大胆果敢に迫り、明快に説く刺激的な入門書。

020
ウィトゲンシュタイン入門
永井均
天才哲学者が生涯を賭けて問いつづけた「語りえないもの」とは何か。写像・文法・言語ゲームと展開する特異な思想に迫り、哲学することの妙技と魅力を伝える。

029
カント入門
石川文康
哲学史上不朽の遺産『純粋理性批判』を中心に、その哲学の核心を平明に読み解くとともに、哲学者の内面のドラマに迫り、現代に甦る生き生きとしたカント像を描く。

071
フーコー入門
中山元
絶対的な〈真理〉という〈権力〉の鎖を解きはなち、〈別の仕方〉で考えることの可能性を提起した哲学者、フーコー。一貫した思考の歩みを明快に描きだす新鮮な入門書。

081
バタイユ入門
酒井健
西欧近代への徹底した批判者でありつづけた「死とエロチシズム」の思想家バタイユ。その豊かな情念に貫かれた思想を明快に解き明かす、若い読者のための入門書。

1045
思考実験
――世界と哲学をつなぐ75問
岡本裕一朗
「考える」ための最良の問題を用意しました！　古典的な哲学の難問や複雑な現代を象徴する事件を思考することで、一皮むけた議論ができるようになる。

1060
哲学入門
戸田山和久
言葉の意味とは何か。私たちは自由意志をもつのか。人生に意味はあるか……こうした哲学の中心問題を科学が明らかにした世界像の中で考え抜く、常識破りの入門書。

# ちくま新書

200 **レヴィナス入門** 熊野純彦

フッサールとハイデガーに学びながらも、ユダヤの伝統を継承し独自の哲学を展開したレヴィナス。収容所体験から紡ぎだされた強靭で繊細な思考をたどる初の入門書。

238 **メルロ＝ポンティ入門** 船木亨

フッサールとハイデガーの思想を引き継ぎながら〈身体〉を発見し、言語、歴史、芸術へとその〈意味〉の構造を掘り下げたメルロ＝ポンティの思想の核心に迫る。

265 **レヴィ＝ストロース入門** 小田亮《まこと》

若きレヴィ＝ストロースに哲学の道を放棄させ、ブラジル奥地へと駆り立てたものは何か。現代思想に影響を与えた豊かな思考の核心を読み解く構造人類学の冒険。

277 **ハイデガー入門** 細川亮一

二〇世紀最大の哲学書『存在と時間』の成立をめぐる謎とは？　難解といわれるハイデガーの思考の核心を読み解き、西洋哲学が問いつづけた「存在への問い」に迫る。

301 **アリストテレス入門** 山口義久

論理学の基礎を築き、総合的知の枠組をつくりあげた古代ギリシア哲学の巨人。その思考の方法と核心に迫り、知の探究の軌跡をたどるアリストテレス再発見！

482 **哲学マップ** 貫成人

難解かつ広大な「哲学」の世界に踏み込むにはどうしても地図が必要だ。各思想のエッセンスと思想間のつながりを押さえて古今東西の思索を鮮やかに一望する。

533 **マルクス入門** 今村仁司

社会主義国家が崩壊し、マルクス主義が後退した今、マルクスを読みなおす意義は何か？　既存のマルクス像からはじめて自由になり、新しい可能性を見出す入門書。

832 わかりやすいはわかりにくい？――臨床哲学講座 鷲田清一

人はなぜわかりやすい論理に流され、思い通りにゆかず苛立つのか――常識とは異なる角度から哲学的に物事を見る方法をレッスンし、自らの言葉で考える力を養う。

866 日本語の哲学へ 長谷川三千子

言葉は、哲学の中身を方向づける働きを持っている。和辻哲郎の問いを糸口にパルメニデス、デカルト、ハイデッガーなどを参照し、「日本語の哲学」の可能性をさぐる。

901 ギリシア哲学入門 岩田靖夫

「いかに生きるべきか」という問題は一個人の幸福から「正義」への問いとなり、共同体＝国家像の検討へつながる。ギリシア哲学を通してこの根源的なテーマに迫る。

907 正義論の名著 中山元

古代から現代まで「正義」は思想史上最大のテーマのひとつでありつづけている。プラトンからサンデルに至る主要な思想のエッセンスを網羅し今日の課題に応える。

922 ミシェル・フーコー――近代を裏から読む 重田園江

社会の隅々にまで浸透した「権力」の成り立ちを問い、常識的なものの見方に根底から揺さぶりをかけるフーコー。その思想の魅力と強靭さをとらえる革命的入門書！

944 分析哲学講義 青山拓央

現代哲学の全領域に浸透した「分析哲学」。言語のはたらきの分析を通じて世界の仕組みを解き明かすその手法は切れ味抜群だ。哲学史上の優れた議論を素材に説く！

964 科学哲学講義 森田邦久

科学的知識の確実性が問われている今こそ、科学の正しさを支えるものは何かを、根源から問い直さねばならない！　気鋭の若手研究者による科学哲学入門書の決定版。

## ちくま新書

967
### 功利主義入門
——はじめての倫理学
児玉聡
「よりよい生き方のために常識やルールをきちんと考えなおす」技術としての倫理学において「功利主義」は最有力のツールである。自分で考える人のための入門書。

001
### 貨幣とは何だろうか
今村仁司
人間の根源的なあり方の条件から光をあてて考察する貨幣の社会哲学。世界の名作を「貨幣小説」と読むなど貨幣への新たな視線を獲得するための冒険的論考。

012
### 生命観を問いなおす
——エコロジーから脳死まで
森岡正博
エコロジー運動や脳死論を支える考え方に落とし穴はないだろうか？　欲望の充足を追求しつづける現代のシステムに鋭いメスを入れ、私たちの生命観を問いなおす。

016
### 新・建築入門
——思想と歴史
隈研吾
建築とは何か——古典主義、ゴシックからポストモダニズムに至る建築様式とその背景にある思想の流れを辿りその問いに答える、気鋭の建築家による入門書。

047
### スポーツを考える
——身体・資本・ナショナリズム
多木浩二
近代スポーツはなぜ誕生したのか？　スペクタクルの秘密は何か？　どうして高度資本主義のモデルになったのか？　スポーツと現代社会の謎を解く異色の思想書。

1000
### 生権力の思想
——事件から読み解く現代社会の転換
大澤真幸
我々の生を取り巻く不可視の権力のメカニズムとはいかなるものか。ユダヤ人虐殺やオウム、宮崎勤の犯罪など象徴的事象から、現代における知の転換を読み解く。

1017
### ナショナリズムの復権
先崎彰容
現代人の精神構造は、ナショナリズムとは無縁たりえない。アーレント、吉本隆明、江藤淳、丸山眞男らの名著から国家とは何かを考え、戦後日本の精神史を読み解く。